轻松拿结果

贺学友 著

图书在版编目（CIP）数据

轻松拿结果/贺学友著. -- 北京：中信出版社，2023.1（2023.4重印）
ISBN 978-7-5217-5059-1

Ⅰ.①轻… Ⅱ.①贺… Ⅲ.①销售－方法 Ⅳ.① F713.3

中国版本图书馆 CIP 数据核字（2022）第 233357 号

轻松拿结果
著者：　　贺学友
出版发行：中信出版集团股份有限公司
　　　　　（北京市朝阳区东三环北路 27 号嘉铭中心　邮编　100020）
承印者：　北京诚信伟业印刷有限公司

开本：787mm×1092mm 1/16　　印张：16　　字数：132 千字
版次：2023 年 1 月第 1 版　　　　印次：2023 年 4 月第 2 次印刷
书号：ISBN 978-7-5217-5059-1
定价：69.00 元

版权所有·侵权必究
如有印刷、装订问题，本公司负责调换。
服务热线：400-600-8099
投稿邮箱：author@citicpub.com

目录

自序：签单再难，也能轻松拿结果 / V

前言：打造"同频、同力、同欲"的销售铁军 / XI

第一部分　同频 _ 001

只有当销售团队各成员的工作思维和方法实现"同频"，管理者具备相应的管理能力，销售员能够快速成长，才能提高人效，打赢硬仗。

第一章　销售团队要能"攻城略地" / 003

有眼光：找到挑大梁的员工 / 005

培养人：激活销售的战斗状态 / 011

留住人：让新人易上手、成长快 / 028

用对人：搭建销售员的职业坐标 / 038

拉一把：给方法，给协助，给权力 / 044

第二章　管理者要做"定海神针" / 053

管理者的三张面孔 / 055

规定动作做到位，才能提高人效 / 061

要抓大放小，也要控制节点 / 067

第二部分　同力 _ 073

只有当目标、策略与制度共同发挥作用，三者"同力"，力出一孔，才能让付出有回报，稳拿业绩。

第三章　以最高目标为行动准绳 / 075

先做好复盘，再定目标 / 077

三步打破"小富即安"的增长瓶颈 / 085

树立销售标杆，让强者更强 / 093

共同做大蛋糕的团队战术 / 101

第四章　用战术拿下业绩 / 109

客户开发：精准挖掘并跟进沟通 / 111

巧妙预约：让客户顺理成章接受拜访 / 118

有效拜访：成为掌控全场的行业专家 / 124

报价：弄懂客户的预算和标准 / 133

逼单：临门一脚拿结果 / 140

二次开发：提升复购率，让新客户变成回头客 / 148

销售鱼塘：最大限度地转化社交资源 / 154

第五章　用制度保障业绩 / 163

只有铁的纪律才能拿到铁的结果 / 165

制度要兼具严肃性与普适性 / 174

售后：使用客户关系管理系统进行溯源 / 179

强制公开与拣回：客户信息是团队财富 / 187

及时迭代与完善：制度要长期有效 / 193

第三部分　同欲 _ 199

"上下同欲者胜"，同结果、共承担，不仅是打造销售铁军军魂的必要条件，也能让成员们对每个结果负责，更好更快实现目标。

第六章　有凝聚力才有战斗力 / 201

管理者有担当才能上下齐心 / 203

一鼓作气：首面首签的亮剑精神 / 210

用铁的意志拿下铁的成绩 / 215

稳定住、延续好团队的绝佳状态 / 221

疏导团队的负面情绪 / 230

后记 / 235

自序

签单再难，也能轻松拿结果

2019年，我把在"阿里中供铁军"学会的销售经验、工作技巧和销售各个环节中的关键技术加以整理和提炼，著成了《销售铁军》一书。在当时，我的初衷是让更多的想在销售之路上走得更远的人，得到真正的帮助。

后来的事实证明我达到了目的，《销售铁军》甫一问世，便得到了市场的广泛好评和许许多多销售人员、企业管理者的认可。这也让我沉浸在广泛利他和充分分享的喜悦之中。然而新冠疫情在2020年的持续肆虐，让一切变得扑朔迷离起来，疫情让市场形势和销售环境都产生了巨大的变动。

三年来，受疫情影响，线下销售，特别是面向企业的线下销售变得越来越难以实现，我们以往靠着大量面谈实现签单的机会也变得越来越少。多年以前,我在东莞管理销售团队的时候,经常是和客户在一起一边喝工夫茶,一边就把签单的事搞定了,然而疫情让人与人之间的接触产生了距离,靠面谈营造的温情和融洽的氛围,是视频会议和云端给予不了的,因此,很多企业在销售技巧上的规定动作和必要环节完成不了,签单周期大大延长。这种最直接的市场活动变化,让销售人员和销售团队顺利拿回结果的难度大大增加了。

需要指出的是,现在的签单难,难点不同以往。

拿我个人的亲身体会来说,在加入中供铁军之前,我在其他领域也做过销售工作,在当时最大的感受就是,签单太难了,因为没有有效的方法和技巧,加入中供铁军之后,经过系统的培训,以及大量的实战,我逐渐摸索出了销售工作中的一些方法和技巧,凭借这套方法,我实现了人生逆袭。

然而在当下,疫情这个客观制约因素太过庞大,我们的销售人员即便有具体的方法也没有施展的空间,不懂得如何对原有方法进行优化和变通,进而导致企业的业绩逐渐下滑。

更为致命的是,在大多数人看来,疫情太过不可抗力,面对签单难的时候,会更多地表现出"没办法"的态度,进而变得佛系、消极。这种得过且过的态度,会让企业,特别是许许多多民营企业走向消亡。

《销售铁军》出版发行以来,一时间,许许多多企业老板和高管通过各种渠道联系到我,希望在图书内容的基础上,对他们的销售业务进行更深入的指导。令我感到惊讶的是,这些联系到我的企业,不只是一些中小规模的民营企业，更有腾讯、京东这样的大型互联网公司，也不乏宁波银行、太平洋保险这样的大型金融机构。

这其中最令我印象深刻的是宁波银行的董事长陆董，他通过我们的微信公众号、抖音自媒体平台，几经周折才找到我。他们公司高管告诉我，《销售铁军》一书对宁波银行的业务开展帮助非常大，他们要求全国所有宁波银行 360 多个支行行长人手一本，并要求至少通读三遍。

不过，他们联系到我，可不光是为了表示对《销售铁军》的认可。在他们看来，疫情带来了市场环境的诸多不确定性，所以他们要与我探讨的是，以往的销售技巧和方法，是否在疫情的新环境下仍然有效，面对新的形势，宁波银行该采取怎样的销售团队蜕变方式，才能在签单越来越难的今天，闯出一条适合自己的路，让每个销售人员都能具备战斗力的同时，凝聚成能打胜仗、善打硬仗的铁军团队。

我意识到，尽管《销售铁军》所讲述的内容，较为全面地告诉了销售人员在签单、成交的过程中，要做什么，并具体阐述了该怎么做，但是，我还没有把"为什么要这样做""谁来整合销售团队这样做"等原理展现给大家。

在我国，大部分民营企业家，其实都是原始资本积累型的创业者，甚至是草根出身，这就意味着他们的管理层几乎没受过专业的基层训练和中高层辅导，因此，国内很多民营企业尚不具备销售团队管理体系建设的能力。我想，这才是市场环境的新变化带来销售签单新的难点的根本原因。

团队怎么搭建，管理者如何担当，增长战略怎么制定，战术如何分解落地，训练体系如何搭建，以及如何靠制度加以保障，进而形成具有韧性、血性的铁军团队，才是当下众多企业和销售团队更应该着手研究和重点攻克的难题。

于是，三年以来的环境变化，加之三年以来的自我沉淀和深度思考过后，我认为是时候且有必要再为众多创业者、销售管理者以及销售人员阐述一些销售管理方向的道理和内容了。《轻松拿结果》的目的就是为了使销售管理者在全新的市场环境下少走一些弯路，更科学地带领团队，更轻松地拿回结果。

在这本书中，我围绕着销售团队在实战中拿结果这个核心理念，以管理者的视角，为大家带来拿结果的各种方法和理论。同时，书中还结合了我在中供铁军带团队的真实经历，包含了很多具象的场景与案例，可以帮助大家更深层次、更全面地理解关键的内容。

全书以如何在艰难的环境下实现销售签单为主旨，从销售管理者的视角，重新定义和审视销售管理工作，传授方法，同时也更为侧重上下同频的销售管理体系升级、上下同力的管理者对团队成员辅导能力的提升、上下同欲的铁军军魂锻造，来保障企业业绩指标的完成。让管理者懂得如何赋予团队更多的感性认知，形成强大的战斗力。

很多事情，总是仁者见仁，智者见智。

时代在变化，市场在变化，销售管理的模式和方法也在不断变化。我相信这本书的内容可以给各个层级的销售管理者以及销售员带来实际的帮助，同时我也知道，任何方法和经验都不是千古不易、颠扑不破的真理，但无论到任何时候，拿结果永远是衡量销售工作的硬性标准。

谨以此书作为和大家沟通交流的桥梁与纽带，希望各位销售人员在以后的道路上，都能顺利地、轻松地拿到想要的结果。

前言

打造"同频、同力、同欲"的销售铁军

签单难度大、问题多，几乎是任何行业领域里的销售团队都面临的问题。绝大多数销售团队，在今后的日子里，可以说没有什么"轻松仗"可打了，所面临的将是源源不断的硬仗、恶仗。打这样的仗，还必须要打赢，没有好团队不行，有了好团队，没有好体系仍然不行。那么，企业怎样才能打造一支战无不胜的销售铁军呢？我们需要在销售管理中寻找答案。

这些年，我遇到很多企业，上至老板和高层管理者，下至基层主管和普通销售员，他们问的最普遍的一个问题就是，为什么销售现在这么难？

难吗？很难。手忙脚乱自然漏洞百出，竞争对手随便推你一下，或者新冠肺炎疫情稍有风吹草动，对你而言就是致命一击。

那么，难在哪儿？我发现，提出销售难这个问题的学员，几乎都是在拿结果上出现了问题——他们的销售团队很难在计划时间内取得与销售策略相匹配的结果。

难吗？不难。我想告诉你的是，销售其实并不难，重要的是，要先学会科学的销售管理。你必须先明白销售团队现在面临着怎样的困扰，知己知彼，方可百战不殆。

销售团队的存在目的就是拿结果。为了拿结果，我们就要建立团队管理的有效手段，进而搭建科学的销售团队管理体系。在弄清楚这种递进的层次关系后，我们就可以开始建立纲领性的、普适性的销售团队"心法"了。我为大家带来的做法是：分别从管理体系和人效提升的角度、工作方法与制度保障的角度，以及团队气质打造的角度，打造一个"同频、同力、同欲"的销售团队，让这支团队具备打硬仗、打胜仗，并拿回结果的能力。

兼顾自身修炼与识人用人，让团队达到人效同频

销售管理的成熟，体现为管理者的工作到位。所谓工作到位，指的是管理者既要在自身定位和管理方法的运用上下功夫，又要在识人用人上起到决定性的作用，两者是相辅相成的。

识人和用人，实际上就是打造销售铁军的最基础工作。说通俗点，管理者要筹谋如何搭建一个自己的团队，给自己的团队配备什么

样的兵。当然，管理者不可能一开始就能让自己的团队里全都是能征惯战的精兵。打造一支人效同频的铁军，需要管理者会识人、用人，还要会留住人。

同频的意思就是：在一个销售团队中，上至高层管理者、中层管理干部，下至销售人员，他们思考问题的方式、日常工作的方法、看待和处理问题的思维，都应该保持在同一个频道上，这样才能达到指令传达有效、工作行为统一。遗憾的是，很多销售团队处在不同频的状态，究其原因，主要有以下两点。

1. 执行力断层

在很多销售团队中，经常发生下面的情况：比如，销售例会的精神无法被员工领会，管理者的指令传达成为无意义的工作；再比如，团队里的大多数销售人员不懂得如何撰写总结报告，他们每天报送的工作日志管理者根本看不懂。

这些频繁出现的日常工作中的问题，基本上都是执行力断层导致的。执行力断层会让整个销售团队的工作长期处于疲于应付和首尾不相顾的状态，这种情况下，企业的战略如何得以实现？

2. 沟通失效

某个公司的销售团队负责人要发布一个关乎团队决策变动的重要

通知，但通知中的内容却无法高效传达给每一个团队成员。虽然所有团队成员都在电话里笃定地回复"收到""了解"，但第二天当管理者问及要如何开展工作时，他们仍然一脸茫然，不知所措。

这样的现象，我称之为沟通失效。沟通失效，意味着管理失效。要解决执行力断层与沟通失效的问题，将销售团队的管理体系调整至同频状态，需要销售管理者从以下两个方面入手。

一是建立一套成熟而完备的人才管理系统。管理者要学会找到团队中的中流砥柱，并对他们加以重点培养。与此同时，不论是新人还是得力的老人，管理者还要有留住他们的办法。

二是学会有效沟通的方法。管理者能不能用对人，关键还在于同销售人员的深度沟通；另外，对于走在"分岔路"上的销售人员，如何在他们迷茫之际帮上一把，也是非常重要的提升人效至同频状态的手段。

定目标、给方法、建制度，让团队在创业绩上"同力"

有了人效提升上的同频，管理者就可以在团队中施展自己的本领，运用自己的管理工具，来为团队创造优质的业绩和结果。那么如果这时没有拿回想要的结果，管理者就应该思考具体方法的问题了。

我认为要在业务层面让团队取得蜕变，要通过目标的制定、方法的辅导与制度的保障共同发挥作用，这就要求三者做到"同力"

的水平。

目标的制定，展现的是管理者的领导能力。制定目标、执行策略，促使目标增长，都需要管理者的领导力发挥作用。如何让销售团队的业绩不断取得新的突破，并达到"今天的最好表现是明天的最低要求"，才是制定目标的根本意义所在。

方法的辅导，展现的是管理者的辅导能力。把经过大量实践总结出来的有效的销售方法总结成为工具，进而传授给销售人员，并加以正确、合理地利用，是拿到结果的唯一途径。

制度的保障，展现的是管理者的监管能力。要按照制度打造出铁一样的纪律，才能有铁一样的团队，而制度的制定和监督执行，既要具备科学、有效的特性，还要有不断更新迭代与逐步完善的特质。

管理者与销售人员在心态上、意志上和士气上同欲

"上下同欲者胜"，这是《孙子兵法》里的制胜五法之一。一支军队的将领和士兵能做到上下一心，就有更大的把握战胜敌人。一个销售团队同样如此，只有上下同欲、目标一致，战略目标才能更快、更好地落地。

上下同欲，有两点最值得思考，分别是结果欲和承担欲。结果欲，指的是团队中的所有人要和企业有共同的目标愿景，形成利益共同体。承担欲，指的是销售管理者必须有能力让团队成员一起来为销

售工作中的每一个结果负责。

　　同结果欲，共承担欲，是打造销售铁军军魂的必要条件。管理者需要巧妙地将个人的梦想与团队的目标完美地结合，实现个人与团队在合作中的共赢，由此形成强大的凝聚力。同样，管理者要善于整合团队，把每个个体的"点"串联成线，只有让每一个人都参与到团队销售的当下与未来当中，才能让销售团队形成军队般强悍的战斗力。

　　到这里，我们基本了解了销售管理的底层逻辑，从问题入手，到过程剖析，再到得出结论，我们可以总结为：**一个能拿结果的销售团队，必须是"同频、同力、同欲"的团队。**接下来，我将为你带来更为翔实而具体的内容，即哪些层面需要同频、哪些方向需要同力，以及哪些意识需要同欲。

第一部分
同频

只有当销售团队各成员的工作思维和方法实现"同频",管理者具备相应的管理能力,销售员能够快速成长,才能提高人效,打赢硬仗。

第一章
销售团队要能"攻城略地"

就像行军打仗一样,上至高层管理者、中层管理干部,下至销售人员,都要各司其职,同频协作。当他们的思维和行动处于同一频道中,才能使指令有效传达,工作行为统一。

有眼光：
找到挑大梁的员工

美国通用电气前CEO（首席执行官）杰克·韦尔奇提出的著名的"271管理法则"指出："团队70%的业绩是由团队中20%的人贡献的，剩余70%的人业绩平平，10%的人则需要进行帮扶或调整。"他的这一理论经过了无数企业实践的验证，表明销售业绩的持续提升，需要以优秀销售人才为基础，但通常在销售团队中，优秀人才只占总体的一小部分。

从这个角度来讲，要做到业绩持续提升，关键在于抓住创造70%业绩的人。结合我过去的工作经验，想要实现这一目标，通常要解决三个问题：如何找到现在创造70%业绩的人；如何找到未来创造70%业绩的人；如何对关键人才进行高效培训，确保他们可以持续创造高业绩。

1. 如何找到现在创造70%业绩的销售人员

很多企业的销售管理者在工作中习惯于眉毛胡子一把抓，虽然每天工作很辛苦，但最终业绩增长效果却非常有限。出现这种问题的主要原因就在于管理者的工作没有重点，没有找到应该重点关注的人。再好看的镜框，镜片的度数不合适，也没有办法使用。要知道，关键员工的提升和普通员工的提升带来的增益是完全不同的。

之前我有一名学员，在第一次带领一支10个人的销售团队时，会对每个人的问题进行仔细分析，认真地帮助销售人员解决困难，但到月末发现，虽然自己已经筋疲力尽，团队业绩却没有明显提升。于是他就来问我。在我的建议下，他换了一种带队方法，只把团队中业绩拔尖的几个人作为重点帮助对象，着重分析他们的业绩进展、心理状态、问题障碍等，然后做出具体方案进行一对一跟进，帮助他们突破瓶颈。而对于团队中的其他成员，虽然也会投注一定的精力，但对于一些简单的问题，他会让优秀的销售人员帮助解决，而不是自己大包大揽。一个月下来，这些优秀销售的业绩成倍增长，其他销售人员也从优秀员工身上学到了很多经验和方法，团队总业绩取得了显著增长。

抓住重点、抓住关键少数人的工作方法，往往可以创造更多的收益。而判断哪些员工属于团队当中值得重点关注的对象，最简单的方法就是通过分析团队销售业绩，找出其中贡献最多的几名销售人员。比如，你的团队中有2000万元的销售业绩是由10名队员达成的，其中1400万元是销售前三名完成的，那么这三名队员就是你要找的关键少数人。

2. 如何找到未来创造 70% 业绩的销售人员

找到现阶段创造 70% 业绩的销售人员，并保持他们的状态，只能确保企业在现阶段实现稳定的发展。但是，企业想要持续提升发展水平，必然需要更持续的收益增长，而收益的持续增长，通常又需要更多优秀的销售来支撑。

举个例子，假设一个 50 人的销售团队去年完成了 1000 万元的业绩，其中 700 万元的业绩是由最优秀的 10 个人完成的。而今年团队的销售业绩目标是 1 亿元，这些优秀的销售人员或许可以实现 10 倍的业绩增长，共同完成 7000 万元的业绩指标。但其余销售人员显然不太可能同样实现 10 倍的业绩增长。更何况随着经营周期的结束，企业还会末位淘汰掉一些销售人员。也就是说，在优秀销售人员稳定输出的同时，企业想要完成 1 亿元的业绩目标，就需要再次招聘、培养更多的优秀销售人员。

企业需要培养更多优秀的销售人员来支撑业绩的持续增长，在确保原来 20% 的优秀销售人员可以持续创造高业绩的同时，还要找到更多未来创造 70% 业绩的优秀销售员。至于这些未来的优秀人才从何而来，无非是两个方面：一是原有的销售人员，另一个就是新招聘的销售人员。

3. 如何提升企业销售人员的人效

过去，很多企业的业绩增长依靠的是销售人员数量的增长。简单来说，就是通过不断扩大团队规模来换取更大的业绩。但从现在的市场形势来看，这种靠人头数增长提升销售业绩的方式已经逐渐失效。

首先，大量新人进入公司，在没有熟练掌握销售技能和产品信息之前，这些新人很难创造有效的业绩，但是企业在新人身上的投入却不能停止。假设招聘一个新员工所需的成本为 5000 元，如果这个销售人员三个月没有业绩，企业往往会选择辞退，但同时也意味着企业白白花费了 15000 元的成本，却没有换来任何收益。即便企业的培训工作非常到位，新人留存率可以达到 60%，也存在入不敷出的风险。

其次，从目前的人才市场来看，招聘新人并非一件简单的事。很多销售指向型企业对于销售岗位的招聘往往会接连不断地进行，其结果是：招聘效率低，找不到合适的人才；同时，人员流失率高，新人进入公司之后，容易很快流失。

举个例子，作为传统的销售指向型企业，在过去很长时间里，保险公司都是依靠销售团队不断更新迭代来换取销售业绩的增长。说得直白一点，保险公司的销售人员很多时候都是借助自己的人脉在推销产品。但每个人的人脉都是有限的，当人脉耗尽，销售人员不得不到陌生人当中去寻找新的客户，成功率相较以往会大幅度降低。当销售人员的业绩出现下滑甚至归零时，公司就会淘汰他们，去招聘新的销售人员。

现在，保险公司再想与之前一样，实现销售团队快速的更新迭代已经不太可能。随着市场的快速发展，越来越多新的产业和业态出现，择业者有了更多的选择方向。同时，保险行业自身的发展也提升到了一定水平，对销售人员能力的要求也水涨船高。各种各样的原因综合在一起，导致保险公司很难像之前那样去快速地招聘，快速地培训，快速地淘汰，只能转而求助于一些工具去提升人效。

结合现实情况，靠人员数量的增长来提升销售业绩的模式显然已不再符合当下企业的发展需要。相反，企业更应该考虑如何有效提升销售团队的人效，在控制成本的前提下，让有限的人员尽可能多地创造业绩。

从这个角度来说，找到现在和未来创造70%业绩的优秀销售人员只是一个开始。在此基础上，企业还要考虑如何提升优秀销售人员、业绩平平的销售人员以及新人的人效。当然，面对不同类型的销售人员，人效提升的重点也存在一定差异。

优秀销售人员是企业业绩持续提升的关键，前提是这些优秀的销售人员可以保持甚至提升自己的火热状态，持续为企业创造高业绩。同时，考虑到新人和业绩平平的老销售的提升需要时间，管理者还要确保优秀销售人员实现业绩倍增，这样才能保证团队的业绩持续增长。

销售人员业绩平平，通常都有各自的原因。如果这些销售人员自身的能力和心态没有太大的问题，只是因为欠缺技巧而无法成功提升业绩，那么就找到他们的瓶颈，帮助他们实现突破，让这些原本业绩平平的销售人员快速成长为未来创造70%业绩的优秀人才。

新人是销售团队源源不断的生力军，也是企业未来的主力军，但并不是每个新人未来都能成为优秀的20%中的一员。所以，我们需要先在新人当中进行筛选，找到其中有潜力的个体，再进行合理培训，让其快速成长为优秀销售。

当然，想让企业业绩实现持续增长，除了通过管理提升业绩之外，还要考虑成本的控制。团队当中那10%没有创造任何价值的销售人员，需要合理淘汰，以免占用有限资源和成本空间。

培养人：
激活销售的战斗状态

我之前跟一些企业销售管理者沟通时，经常会听到这样的说法：团队中那些能创造70%业绩的员工已经足够优秀，不用再对他们进行培训了，倒不如把更多精力和资源放在那些还没开窍入门的员工身上。

这种想法似乎没有什么不对，但实际上忽略了一个非常重要的方面。员工业绩高，只能说明他在当前的团队当中属于佼佼者，并不意味着他的能力已经发挥到了极致。换句话说，培养销售人才，不光需要找到创造70%业绩的那20%的员工，还要让那20%的员工自身的业绩成倍地增长。

1. 让20%优秀销售人员业绩倍增的方法

对于管理者来说，这是一个难度不小的挑战。充分发挥优秀销售人员的潜力和能力，激活他们的战斗状态，靠口头敦促或指示是不够的，还需要一系列具体的管理动作和措施（见图1-1）。

图 1-1　让 20% 优秀销售人员业绩倍增的方法

（1）重燃梦想，激活心态

无论是自己在企业里带团队，还是去帮助其他企业培训销售管理者和销售人员，我都能清晰地感知到，很多销售人员在进入企业之初都有自己的梦想，哪怕只是简单地想要赚更多的钱。只要想法存在，我们就能将这些想法作为主观驱动力，去推动销售人员不断努力。之所以很多优秀员工会陷入懒散、"佛系"状态，通常有两种可能，一是他根本没有梦想，二是他忘记了自己的梦想，或者原先的梦想已经实现，但没有找到新的梦想。

一个没有梦想的销售人员，不仅很难进入优秀的行列，甚至连普通水平都无法达到。但没有梦想不代表没有潜力，如果销售人员有一定能力，还没有找到梦想，管理者就要与他进行面对面的深入沟通，尝试去扣动他的心灵扳机，重新点燃他的梦想。必要时，还可以拿出一些有效的激励手段，比如更高的收入、更高的职位等，去激活他的自我提升意愿。

反过来讲，能力一般，同时也没有梦想的人，就没有必要在团队中存在了。管理者的时间有限，与其浪费在这些"咸鱼"身上，不如去发掘一些更有潜力的新人。

（2）打开"天眼"，强化认知

有了积极心态后，我们还要帮助销售人员强化认知，让他们意识到自己所认为的足够优秀的业绩究竟是什么水平。

> 跟大家分享一个故事。一个村子里有个首富，自己盖了一栋4层的楼房，便觉得自己拥有了豪宅，非常高兴。但他到了大城市后发现，几十层的建筑比比皆是；等到了北京、上海等一线城市，他发现近百层的摩天大厦也不在少数。这时他才明白，自己所谓的豪宅只不过是敝帚自珍罢了。

同样的道理，一个销售人员的业绩在团队中还算优秀，但如果放在整个大区，放在全国来看，他的业绩可能只算是普通水平。所以，作为管理者，我们要帮助这些优秀的销售人员打开认知的"天眼"，让他们认清自己的定位，重新树立更高的业绩目标。

当然，有时仅仅帮助销售人员强化认知是不够的，管理者还要制定一些配套措施，确保认知可以作用于实践。比如，设置梯次的业绩考核指标，每个月按固定比例提升员工的业绩考核标准，督促员工按照更高的标准要求自己。

以我自己为例，当初我在阿里巴巴做销售时，每个月都给自己设置一个业绩提升标准，那就是增长30%。即便上个月业绩已经达到了较高水平，我也会要求自己本月继续提升30%，比如，我这个月定的目标是50万元，下个月的目标就是65万元。虽然不一定能完成，但至少在高目标的引导下，我会尽自己最大努力去实现。到年底时，我给自己定下的目标是每月200万元，虽然可能只完成130万元，但和我当年年初时13万元的单月业绩相比，已经实现了10倍增长。

对于销售管理者来说，也可以用同样的方法督促自己的团队成员。一个固定业绩考核指标升级标准，可以有效地改变优秀销售人员懒散、懈怠的心态，促使他们向着更高的业绩目标努力。

在此基础上，完成更高业绩考核指标所带来的收入增长，我们也一定要提前展示在销售人员面前，让他们意识到持续的努力不仅仅是为了完成公司布置的任务，也是为了给自己创造更多的收入。

（3）提高成交效率，增强首面首签的能力

积极的心态和正确的认知可以让销售人员拥有更加主动的工作态度和更高的业绩目标，但在具体工作中，想要实现业绩倍增，还要回到成交效率提升的具体问题上来。

在和一些销售管理者进行交流时，我发现他们和手下的销售人员都有一个共同的认知，就是销售是一件需要长期努力的事情，需要和

客户不断沟通，才能最终实现成交。尤其在一些客单价比较高的企业中，这种认知更加常见。我之前在为某些公司提供培训服务时，甚至还有销售人员觉得一个 100 万 ~200 万元的订单，跟踪 3~5 个月能签下来，就已经是万幸了。

但实际上，想要提升成交效率，最好的方式还是首面首签，也就是第一次与客户见面沟通后，就把订单签下来。很多时候，经过有效沟通，成交其实只差临门一脚。但很多销售人员总会在这个时候人为地增加成交难度，给客户考虑的时间，而影响成交的变故往往就发生在这个考虑的时间段内。所以作为管理者，我们必须告诉销售人员，能够首面首签的客户，一定要当场就签下来，避免夜长梦多。这也是打开销售"天眼"、强化认知的一个重要环节。

至于如何提升首面首签的能力，根据我之前训练自己和管理员工的经验，可以分为两个步骤（见图 1-2）。

图 1-2　增强销售人员首面首签能力的方法

① 筛选自己的客户

　　我在从事销售工作之初，往往也要经过三五次，甚至七八次沟通，才能拿到最终结果。后来为了提升自己的成交率，我就开始刻意地训练自己，和很多意向很高的潜在客户沟通之后，如果当天没能实现成交，我就会暂时将其放在潜在客户列表当中，不再过多关注。过一段时间之后，再去跟他们沟通。

每天都用首面首签去要求自己，通过筛选客户的方式，找到能够首面首签的客户去刻意练习。训练的时间久了，自然就能提升这方面的能力。当然，战略性"放弃"的前提是，你确定已经和客户说清楚，他了解了你的产品，你也了解了他的需求。如果不是这样，就不要轻易选择放弃。

放弃只是暂时的，针对这些被战略性放弃的客户，在后续工作中，我们依然要拿出一些时间去持续地触达。通过客户关系的培养，等你确定这个客户可以首面首签时，再跟他进行重点沟通，邀约见面，并通过面谈直接敲定合同。

除了筛选能够首面首签的客户外，筛选客户还有一个重要环节，就是找到关键决策人。如果你对接的是中间人，或是客户的代理人，这些不具备直接决策权的人很难第一时间确认是否成交。

② 根据不同类型的客户，选择合适的沟通方式

　　筛选客户很大程度上是为了了解客户，只有足够了解，销售人员

才能根据客户的不同特点，有针对性地选择合适的沟通方式。

比如，面对自信且重视个人权威的"老虎型"客户，不要被对方的气势压倒，而是要在倾听的基础上，适当地提出一些自己的建议。建议的方向可以尽量向未来结果方面的内容靠拢，因为这类客户通常都是结果导向思维。

面对善于沟通的"孔雀型"客户，在沟通时应适当营造一种轻松愉悦的氛围，能够让他们更快地敞开心扉，更加有效地表达自己的需要。但我们在倾听时，也要自行判断信息的有效性，因为乐于表达的孔雀型客户常常会主动引导沟通节奏，为了避免沟通方向跑偏，我们要适时地"拨乱反正"。

稳重、有耐心的"考拉型"客户习惯于经过综合考量后再做出决策，面对这样的客户，我们要尽可能完整地去讲解自己的产品，并主动提出问题，帮助他们解决顾虑。

而"猫头鹰型"客户做事通常都有很强的目的性，换句话说，只要销售人员能快速地定位他们的主要需求，并找到能匹配这种需求的产品，成交就很容易实现。

最后，"变色龙型"客户属于纯粹的实用主义者，没有明确的个人倾向。与这类客户沟通，除了随机应变外，没有其他更好的办法。

我曾经为济南一家专营激光切割机产品的企业进行过人员培训，他们的主要问题就是销售人员业绩太低，平均每个月只能完成 0.3 单，一个订单要跟踪 3~5 个月才能完成。而通过我们针对性的培训，销售人员的梦想重新得到激发，也打开了"天眼"，明白了首面首签的重要性。更重要的是，他们学会了如何通过筛选客户，并针对不同类型客户设计沟通方案，提升了首面首签的能力。培训之后，这家公司的优秀销售人员的成交效率大大提升，公司每个月可完成 200~300 个订单，其中有 40 多个属于首面首签。

客户考虑的时间越久，就越容易因为一些其他因素分散注意力，影响最终成交。想要让优秀销售人员的业绩倍增，提高首面首签的能力，增加首面首签的比例，是不可或缺的一个环节。

总而言之，销售团队中最优秀的 20%，就如同军队中的特种部队，是整个系统里战斗力最强的群体。虽然人员基数占比不高，却可以创造绝大多数的价值。而对于管理者来说，只要我们能够用好这群人，留住这群人，团队的整体业绩就能得到基本保障。当然，前提是我们可以帮助这 20% 的优秀销售人员保持甚至不断提升工作状态。

2. 帮助 70% 业绩平平的销售人员

关注 20% 的优秀销售人员，并不意味着我们要放弃其他的销售人员。虽然他们现在业绩相对普通，但不代表他们的能力和成长空间就局限于此。

七窍通了六窍，看似一窍不通，但其实难能可贵，因为只要打通最后一个关窍，就可以造就一个人才。所以，在关注优秀销售人员，帮助他们提升能力，确保他们可以持续实现业绩倍增的同时，管理者也要拿出一部分精力帮助普通销售人员中有潜力、有能力的个体迅速成长。当然，在此之前，我们首先要找到这些销售人员业绩平平的主要原因，为解决问题提供方向指引。

（1）为什么这70%的销售人员业绩平平

说到销售人员业绩平平的原因，很多人首先想到的就是找不到客户，或者说客户资源开发能力不足。但事实上，这种问题并不多见。随着互联网和移动互联网技术的发展，企业的销售人员有很多有效的渠道可以去定位自己的目标客户，更何况现在很多企业已经引入了数字化的客户资源管理系统，能自动在全网范围内帮助销售人员收集客户信息。只有不够勤奋的猎人，没有找不到的猎物。只要销售人员愿意去开发客户，并且足够勤奋，客户资源的问题几乎不会出现。反之，如果销售人员不够勤奋，最大的可能是没有业绩，而不是业绩平平。

根据我对团队中销售人员的观察，我发现那些业绩平平的销售人员所遭遇的瓶颈，往往就出现在找到客户之后的具体对接过程中。由于专业销售技能的匮乏，他们往往无法与所有客户进行有效沟通，更不能很好地促成交易，最终才导致业绩平平（见图1-3）。

| 沟通能力不足 | 成交能力欠缺 | 首面首签能力欠缺 |
| 成交转化率低 | 踢不好临门一脚 | 销售周期过长 |

图 1-3　70% 销售人员业绩平平的主要原因

①沟通能力不足，成交转化率低

很多销售人员自身的沟通方式比较单一，通常只能对某种特定类型的客户产生效果，而对其他类型的客户很难实现有效沟通。这种一对多沟通技巧的欠缺，就导致销售人员无法将客户资源高效转化为成交，成交转化率自然较低。

我之前在做销售主管时，团队中有些销售人员对待客户的方式就很单一，对所有类型的客户都用一套沟通方式。面对"老虎型"客户不知避其锋芒，遇到"猫头鹰型"客户也不会分析其主要需求，总之就是不能以不变应万变。最终的结果就是，除了那些恰好对脾气的客户之外，其他类型客户的成交量非常有限。

沟通是销售人员的基本功，但也是最难提升的一环。这主要源于销售人员在过去的学习、生活和工作中，沟通模式已经固定下来，想要打破自己的舒适圈并不容易。

②成交能力欠缺，踢不好临门一脚

有些销售人员即使跟客户沟通得比较好，但到签单的最后一步仍然可能跑单。因为不擅长临门一脚，在沟通过程中总是让客户拖延时间。随着客户考虑的问题越来越多，顾虑也会越来越多，最终也容易放弃成交。有效的成交有限，业绩自然平平。

③首面首签能力欠缺，销售周期过长

这种问题在一些产品单价较高的企业中比较常见，为了促成一个订单，销售人员往往要长期与客户保持联系，通过不断地接触驱使客户做出决策。也正是因为如此，很多销售人员在成交前往往会很长时间没有业绩，或者业绩持续保持较低的水平。

> 我曾经为一家公司进行内训，但在前期的沟通交流过程中，我发现了一些问题。虽然从整体业绩水平来看，这家公司的发展还算不错，但仔细分析就会发现，那些光鲜亮丽的数据下，其实隐藏着销售团队工作效率低下的事实。
>
> 这家公司销售的主要产品价格为15万元，而大多数销售人员每年的业绩为80万元，从绝对数值来看，这些销售人员的能力水平好像还不错。但换算成成交量来看，他们每年其实只成交不到6个订单，而我当初在阿里巴巴每个月平均可以成交16单。虽然我当初销售的产品价格在4万~6万元之间，比这家公司的主要产品价格低了不少，但成交量的对比依然可以说明问题，毕

竟产品的价格影响的只是受众群体，而不是销售难度。

我认为这个问题很严重，甚至会影响公司未来的发展，所以我跟他们的CEO就这个问题进行了深入沟通，CEO也意识到了问题的重要性，最终决定将培训主题进一步深入。最后，我们通过管理体系升级方面的培训，帮助他们解决了问题。

不管销售人员是有沟通的问题，还是成交的问题，抑或是成交周期的问题，归根结底都是销售管理者的问题。在为企业提供培训服务的过程中，我发现很多公司在晋升管理人员的时候，相对于其销售业绩，反而更重视所谓的"根正苗红"，也就是文化价值观的高度一致。如果是选拔中高层管理者，这种标准没什么问题，但基层主管工作中很重要的一个环节就是帮助销售人员提升能力。如果自身的能力都不够，又如何辅导别人呢？

有一个学员，他所在的企业在管理者晋升考核的标准中，就把价值观放在第一位。很多基层主管并不是出自销售精英，虽然价值观与企业高度一致，但关键的实操辅导能力却相对欠缺。每次团队中的销售人员有问题寻求帮助时，这些管理者自己都不知道问题出在哪里，更不懂如何去解决，只能搪塞说让他们去找那些资深的老销售寻找答案。有时候，销售人员成交失败了，客户流失了，管理者也不知道问题出在哪里，更没办法给销售人员进行经验总结和教训分析。

虽然这些管理者也非常勤奋，经常陪销售人员去拜访、去逼单，但效果却非常有限。外行指导外行，十次当中可能要失败七八次。长此以往，销售人员也不再信任管理者，大家各行其是，就算主管提出了某些指令，销售人员也大都阳奉阴违，最终的结果就是销售团队分崩离析。

同类型的问题，在企业当中并不少见。如果继续向深层次挖掘，我们就会发现销售管理者的问题其实是CEO的问题。CEO没有制定一个合理的晋升机制和考核标准，也没有注重销售管理者辅导、培训能力的提升，对基层销售工作知之甚少，这些都是顶层管理者的失职。

（2）从上到下的销售能力提升解决方案

既然团队中70%销售人员的问题根源都在各级管理者和CEO身上，那么想要从根本上提升这些销售人员的能力，CEO、各级销售管理者及销售人员都需要做出一些改变。总的来说，我们需要的是一个自上而下的系统的销售能力提升解决方案（见图1-4）。

CEO	务虚的同时关注更多实际内容
销售管理者	自我提升，坚守十六字方针
销售人员	主动提问，持续学习

图1-4 提升70%普通销售人员能力的解决方案

① CEO：务虚的同时，关注更多实际内容

在大多数企业中，CEO 的职责就是制订发展战略规划、设计企业文化等务虚的环节。这些工作确实很重要，关系到一家企业生存和发展的基础，在实际工作中不可或缺。但除了这些务虚的事情外，一位合格的 CEO 还要关注一些实际的销售管理工作，毕竟管理是从上到下的系统工作，没有 CEO 的顶层领导，中层和基层管理者常常会走错方向。

a. 合理设置管理者选拔标准

在销售管理方面，CEO 首先要做的就是根据不同层级销售管理者的主要职责与核心能力，制定合理的管理者晋升标准。比如，基层管理者更需要销售技能方面的指导能力，中层管理者需要擅长团队之间的协调和调配，而高层管理者则更应具备打造管理机制和系统的能力。在考核员工是否可以晋升到更高层级时，就可以按照这种能力模型去进行比对，选择出符合模型要求的各级管理者。

b. 陪访主管，以实践指导实践

为了确保管理者具备强大的管理能力，在日常工作中，CEO 还应该阶段性地去陪访一下各级管理者，亲身体验一下他们在日常工作中是如何进行管理的，在前线是怎么辅导员工的。通过这种实际考察，CEO 也更容易发现管理者身上的问题，并借助自己的经验和能力，帮助他们快速、有效地解决问题。

总而言之，我认为所有的 CEO 每天都应该照照镜子、揪揪头发，看看自己对公司的各级管理者是否了解，对管理者的能力水平有没

有深刻的认知，对管理者日常工作的成绩是不是十分清楚。CEO是企业高层，因此更应注意接地气。毕竟离地越远，对实际业务了解越少，一旦遭遇失败，也会越发惨痛。

②销售管理者：自我提升，坚守十六字方针

CEO需要站在顶层给予管理者工作指导，但作为销售人员的直接辅导者，如果管理者自身能力都存在问题，同样无法有效地帮助普通销售人员提升能力。所以，在提升销售人员的能力之前，管理者首先要确认自己的能力是否存在问题。

我们的学员当中，有很多都是高学历、有能力但实战经验不足的销售管理者。高学历给他们带来了较高的起点，使他们跳过基层销售人员的工作经历，直接晋升为管理者。但是，也正因为缺乏基层工作经验，他们并不能很好地承担教练的角色。当团队中的销售人员出现问题寻求帮助时，他们也不能给出有效的建议。

我第一次碰到这种类型的管理者时，首先给出的解决方案就是放弃一些实际的辅导，让团队中的老销售去承担教练角色。而管理者自己则要利用这段时间，快速提升自己，既可以向其他销售管理者取经，也可以自己深入基层体验。在提升自己的过程中，还要不断尝试进行一些实际的辅导工作，通过实践验证自己所学的理论是否正确，从而更快地帮助自己进入管理者角色。

而对于自身能力已经提升到一定水平的管理者来说，在具体的辅导工作当中，也要牢记"我做你看，我说你听；你做我看，你说我听"的原则，这也是管理者辅导销售人员的十六字方针。有些时候，口头上的表达往往没有实际操作的演示更能让人印象深刻。

除了提升自身实力、更好地辅导销售人员外，管理者还要注意激励销售人员。管理者要在团队内部打造销售标杆，发挥优秀标杆的典范作用，从而提升人效，增强团队士气，同时也让业绩平平的销售人员看到未来发展的希望，生发出成为优秀销售人员的渴望。

举个例子。我们在给A企业做培训时，发现该公司产品的价格相对较高，而且常常是集中采购，所以A企业的销售团队成交周期较长，大多数销售人员平均每3~5个月才能成交一单。公司一直都知道这种问题的存在，但始终找不到合适的解决方法，所以找到我们寻求帮助。

在对公司内部销售部门进行实际分析后，我发现公司里有不少优秀的销售人员是可以实现持续成交的，并且也能创造高额业绩。这就说明，跟单周期长不是产品自身的问题，而是销售人员的能力和努力程度的问题。在我们的指导下，该公司建立了销售标杆制度，将公司内部一些优秀的销售人员作为标杆，给予他们特殊的奖励和表彰，以此来激励其他销售人员努力工作。不仅如此，销售标杆也会参与到销售人员的培训工作当中，将自己的成功经验分享给其他销售人员，帮助他们提升能力。

通过新方法的应用与实践，2020年，该公司整个销售团队人数从2019年的480人降低到320人，但整体销售业绩反而增长了50%。人效从之前最好的成绩每月0.3单提升到0.78单，团队首面首签的比例也从当初的零成交提升到了20%以上。

当然，在企业的销售团队中，不仅是优秀销售人员可以成为标杆，从激励效果的维度出发，逐渐成长起来的普通销售人员更适合成为标杆。但作为管理者，我们也不能忽略优秀销售人员的价值和作用。综合考量，最全面的塑造销售标杆的方式就是利用此起彼伏的销售标杆战略，根据企业发展需要和实际的销售情况，不断地更新标杆的人选。

③销售人员：主动提问，持续学习

虽然CEO和管理者可以帮助销售人员提升能力，但销售人员也不能一味地被动接受，毕竟团队中的普通销售人员不在少数，而管理者的时间和精力又很有限。为了避免被管理者忽略，也为了尽快解决自身的问题，销售人员应该主动向管理者提出问题。与此同时，普通销售人员也要广泛地观察管理者和优秀员工的工作方式和方法，持续地学习他们的先进经验，提升自身能力。

留住人：
让新人易上手、成长快

人效对等，顾名思义，就是销售团队中每个人的业务水平或管理水平都要与团队相匹配。要拿结果，这个匹配就要有一定的高度。管理者要思考的是，从团队搭建起来的那一刻起，这个团队的高度就不能低于某个水平线。那么决定这个水平线基准的要素是什么？这符合木桶原理，即一个桶能装多少水，取决于最短的那块木板。

这样一来，管理者打造销售团队的基本思路也就清晰了，也就是说，人效对等，先要让最短的那块木板尽可能地长起来。我们把目光投向具体的销售团队。一个团队想要长期稳定地发展，就要不断扩大自己的业务规模和市场范围，也需要优秀销售人员源源不断地加入。而这些优秀的销售人员，往往又是从新人队伍中筛选、培养出来的。

于是，要想把最短的板尽可能拉长，得先找出最短的板在哪儿，所以销售团队中，新人留存也就成了头等大事。而对于新人留存，管理者要清楚以下几个要点。

1. 先留住，才会有后续的发展

针对新人的培养通常有很多不确定的结果，新人通过培训，可能会成为优秀的销售人员，也可能并不适合销售工作。但无论结果怎样，只有先确保新人留下来，培训和辅导才能后续跟进，新人引进和培养的工作才能真正实现闭环。反之，如果一开始就无法将新人留住，无论他们的潜力和能力如何，都不能对公司未来的发展产生任何影响。这样，企业可能就会错失人才，空耗成本。

但是，要留住新人也不是件简单的事，尤其是一些有能力的新人。市场上销售类的职位很多，新人未必只选择你一家企业。在这种情况下，企业管理者想要实现新人的高效留存，就必须舍得投入才行。

首先，应建立基本工资制度，保障新人基本生活所需。

新人刚进入企业，势必会经历一段时间的培训，后续还会经历一段时间的适应和积累。其间，新人往往没什么业绩，如果只按业绩发放薪水，新人可能连基本的生活都无法保障，在这种情况下，新人可能会选择离开。所以，企业一定要建立基本工资制度，在新人成长期间确保其可以正常生活。

考虑到目前市场上对人才的争抢十分激烈，CEO 和管理者甚至需要相应地提升基本工资额度，以提升企业销售职位对潜在人才的吸引力。

其次，要下大力气构建新人培训机制。

新人的成长离不开培训和辅导，但很多企业没有一套成形的培训机制，主要培训和辅导工作都是由新人所在团队的主管一人负责。而很多主管本身并没有培训方面的专业技能，甚至有一部分主管根本不是销售人员出身，既没经验，也没技巧，自然无法为新人提供有效的培训和指导。

为此，企业 CEO 和管理者应投入一定的资金，构建囊括岗前培训和岗后培训的培训机制，研发专门课程，寻找专职培训人员，负责为新人提供培训。如果企业自身没有这方面的资源和经验，也可以花钱找外部的专业机构提供培训服务。

2. 选对人，才能做对事

虽然新人的未来发展会在很大程度上受培训、辅导工作的影响，但同时出发的人，未必能同时到达终点，也未必能到达同一个终点。在新人当中，并不是所有人都能成为未来 20% 的优秀销售人才。同样是树木，有的开花结果，有的就成了桌椅板凳。人也是一样，不同的性格、不同的能力模型，注定了每个人都会有自己擅长和不擅长的事情。

所以，企业要留住新人，但不是无条件地留人。企业需要的是有销售能力和潜质、未来有可能成为优秀销售人才的人。无论是从成本的角度考虑，还是从培训效果的角度考虑，企业都需要有选择地留住新人。

对于企业销售管理者来说，选对了人，未来无论是培训还是辅导，都能够触类旁通、事半功倍，快速地培养出符合企业需求的高质量销售人才。但如果选错了人，对双方来说都会是个痛苦的过程。至于什么样的人具备成为优秀销售人员的潜力，我根据过去的经验总结出了几个标准，供大家参考。

（1）勤奋努力、愿意拼搏的人

无论做任何事情，勤奋和努力都是成功的必要基础。尤其是一些相对困难、需要长期坚持的工作，如果不够勤奋，不够努力，通常都很难做好。

销售工作向来讲究勤能补拙。努力勤奋、愿意拼搏的新人，即使笨一些、基础差一些，也值得培养。当然，管理者也要分辨清楚，这些新人究竟是嘴上勤奋，还是真的勤奋。而评判的标准，就是他们的勤奋是否付诸实践。

比如，在一家朝九晚五的公司当中，有一名员工每天晚上10点还在公司加班。周末双休时，他也会到公司和其他加班的同事交流经验，或者自己去开发新的客户资源。虽然他的学历不高，起点也很低，但这种勤奋努力的工作态度却让他积累了大量的客户资源，销售能力飞速提升。很快，他就超过了很多同期进入公司的新人，成为团队当中20%的优秀人才。

一个销售人员，哪怕能力再差，经过1000次的拜访，经过1000次的训练，通常也会变得很优秀。销售工作本身就是量变到质变的过程，懂得笨鸟先飞的人，往往能更快地进入优秀的行列。

（2）主动好学、自我提升的人

想要成为优秀的销售人员，仅靠勤奋是不够的，还需要主动好学，不断总结，不断反省，不断提升自己的能力。勤奋且好学的人，往往能够快速吸收到各种有用的知识与经验，并迅速转化为自己的能力；而仅仅勤奋但并不好学的人，虽然也能到达终点，但通常需要更长的时间去试错。

我之前曾经负责为一家公司提供内训服务，当时有250多名销售管理者和优秀销售人员参与了培训。在开讲之前，我先提出了一个问题，让他们当中一个月看完一本书的人举手，结果在250多人中，只有十几个人举了手。这个比例让我非常诧异。

接着，我又问他们，看过销售管理类书籍的人有哪些，举手的只剩下5个人。这么多的销售管理者、优秀销售人才，经常看专业类书籍的人只有5个，这让我意识到，该公司的业绩一定存在某些问题。

为了验证我的想法，我在培训间隙和企业的领导进行了沟通，从而证实了我的猜测。

作为一名销售人员，如果连自己都不投资，何谈未来？尤其对于新人来说，没有经验，没有基础，拜师学艺显然比自己摸索更容易找到正确的方向。而且，现在获取信息和知识的方式越发多样化，想要学习一些新的知识和技能非常容易。不管是在网上学习音频、视频中的课程，还是在线下参加培训班，甚至自己买书自学，都能起到自我提升的作用，关键还在于自己是否愿意主动学习、提升。

（3）服从管理、执行力强的人

一个新人再勤奋、再好学，如果不听从管理，一切都毫无意义。因为销售管理者需要的是团队的整体提升，而非某个人的出类拔萃。

在之前的工作中，我经常遇到一些因为能力强而恃才傲物的员工。员工自信是好事，但如果自信到心中没有了敬畏的程度，无视管理者的计划和指导，自以为是，就不可取了。这种人留在团队当中，非但不能提升团队的整体竞争力，还会影响其他成员的工作态度，不利于整体的团结。

所以，我们在选择需要重点培养的新人时，不但要关注新人是否勤奋、好学，还要关注他们是否具有服从管理的执行能力。如果他们愿意在管理者设置的框架内发挥自身才能，就可以重点培养；但如果恃才傲物、目空一切，即便能力较强，也要尽早淘汰出局。

3. 新人岗前、岗后培训侧重点有所不同

找到有销售潜力的新人之后，管理者还要对这些新人进行培训，帮助他们更快地成长起来。一般情况下，企业的新人培训分为岗前和岗后两个部分。接下来，我们就从这两个角度进行解读。

（1）新人岗前培训，提前感知销售流程

很多企业在岗前培训阶段，通常比较重视一些"形而上"的内容，比如企业的价值观、使命、愿景、产品类型、发展阶段等。在开始阶段，让新人对企业有个整体了解，这一点无可厚非，但如果岗前培训仅仅是这些内容，显然过于单薄无力，对新人销售能力的提升起不到太大作用。

考虑到新人岗后培训的内容主要是一些实际的操作技巧，所以在岗前培训中，我们至少要让新人对销售工作的流程有个系统的了解。否则，新人进入岗位之后，即使管理者想要有针对性地去辅导，也很难找到入手点。而销售人员也要拿出大量时间去熟悉工作流程，学习各个环节的基本操作方式。等他们完全掌握了这些内容后，想要真正转化为实际业绩，依然需要一段时间。可是很多企业往往等不到那个阶段，就已经将新人淘汰出局了。这就是很多企业新人流失率、淘汰率居高不下的根本原因。

我曾受邀帮助一家公司进行新人培训，在培训之前，我和这

家公司的老板进行了深入的交流。他跟我抱怨说，现在的年轻人抗压能力差，学习能力不强，进入公司之后，需要很长时间才能学会如何进行实际工作。他找到我寻求帮助，就是为了能快速提升新人岗前培训效果，让更多优秀的人才留下来。

对这家公司之前的新人培训方式了解之后，我发现他们根本不知道如何进行岗前培训，也没有任何关于销售流程、销售技巧的培训，反而要求新人上岗后迅速掌握实操方法，这本身就是一件不切实际的事。

当我把我的发现和想法告诉了这家公司的老板后，他这才意识到问题所在。而在之后的新人岗前培训中，我和这家公司的销售部门一起制定了关于企业销售流程的课程。最后培训出来的新人在到岗后，虽然能力水平暂时没有质的提升，但因为对销售工作的流程已经有了基本的认知，所有新人都知道在什么时间该做什么事，所以新人们很快就发现了自己的问题，并及时向管理者求助。在接受了系统的岗后培训和针对性辅导后，这些新人中的很多人迅速成长为团队的生力军。

一个不知道该干什么的新人，即使管理者想要帮助他，也无从下手。而且岗前没有销售流程的培训，不能让新人对自己的工作内容有个初步了解，也会给后续的岗后培训工作增加难度。

（2）新人岗后培训，重点提升销售技巧

与岗前培训的目的不同，岗后培训不是为了让新人了解企业和自己的工作内容，而是为了让他们快速掌握一些更加具体、直接的实操方法，比如沟通技巧、谈判技巧、成交技巧等。这就要求管理者"从实践中来，到实践中去"，做到"早启动、晚分享、中间抓陪访"，通过全天候的监督与管控，去发现或听取新人的问题，然后帮助他们快速解决。

但是，想要实现高质量的岗后培训，前提是销售团队的管理者自身有着强大的销售实操能力。至于如何提升管理者的实际辅导能力，在前面的内容中我们已经讲解过，这里不再赘述。但我还是要从另外一个角度提醒一下企业的CEO或销售部门的高层管理者，过去我在很多公司发现，无论是对新人的培训，还是对管理者的培训，很多高层管理者都不愿意花钱。他们宁愿不断在招聘新人这件事上花费大量的资金，也不愿意去提升企业的培训质量，这其实是一种舍本逐末的行为。

大家可以算一笔账，以北京为例，一个销售新人的月基本工资通常在4000~5000元，新人两个月没有成交，就意味着企业要白白浪费将近1万元。再加上招聘一个新人要4000~5000元的其他费用，企业的无效成本就要增加到15000元。按照市面上平均40%~50%的新人流失率，新招10个人中可能有5个人会流失，企业的损失就高达75000元，同时还要赔上管理者两个月的

时间。如果企业愿意把这些钱用在提升新人和管理者培训上，那么新人的流失率通常会降低到 20%~30%。

靠省钱无法省出一个亿万富翁，只有会花钱的人才会赚钱。当然，钱也必须花在刀刃上。对于企业来说，培训就是能够提升整体销售能力的刀刃之一。

没有人生来就是天才，但同样也没有什么是人学不会的。虽然销售是一项复杂的工作，但系统的岗前和岗后培训却能够帮助新人快速进入工作状态，了解自己的工作，同时也了解自己需要提升的地方。

用对人：
搭建销售员的职业坐标

我们不能决定每一个销售员的性格、做事特点和内心的真实想法，但是既然选择销售这条路，那么在销售员为自己的职业生涯做规划、设目标的时候，管理者应该起到重要的指导作用，让他们都成为销售团队里"对的人"。所谓对的人，说得确切一点，就是他们会在销售工作中设定好自己的"人生三坐标"，即"我想做什么，我能做什么，我在做什么"。懂得这三个要点的人，就是销售团队中"对的人"。

1."我想做什么"：理解销售工作的内涵，就会想做事

"我想做什么"，意味着想做事。不断重复、熟练每个环节的规定动作，直至成为习惯，这些都是从事销售工作必备的方法和工具。但是管理者还需要本着让销售员"知其然，又知其所以然"的出发点，让他们弄懂学习这些方法和所要做的具体工作之间有着怎样的联系，这种联系的本身其实就是销售工作的内涵。

一旦销售员深刻理解了这些工作的内涵，就会自己建立工作思路

上的底层逻辑：方法从原理来，而原理是基于根本目标的实现；销售的任务就是拿到结果，拿到结果意味着自己可以获取更多的回报。

明白了这个逻辑关系，销售人员就不会在学习规定动作和销售知识时感到枯燥、晦涩，甚至抵触，而是会主动理解、融入、乐在其中。于是，不得不做的事，就变成了销售人员自己想做的事。"授人以渔"，首先要让人对"渔"有想法，有欲望。

因此，在销售团队的制度中，也必须给辅导者和被辅导者设定明确的要求条款。比如，把"老带新"机制、管理者不定期授课、培训机制、销售人员轮训机制等，通过制度的形式固化下来，让每个人在销售工作的内涵上，都能够有见解、有心得、有方法、有感悟，然后分享出来，让整个团队都领略不同的"结网"的方法。

2. "我能做什么"：躬身入局，并多维度地言传身教

"我能做什么"，意味着能做事。我在各种授课、咨询场合，都一直在反复强调一件事：团队持续增长的一个重要底层逻辑是：帮助别人成长，通过别人拿结果。

我有一个学员，经营着一家医疗器械代理公司。有一天，他来找我，描述了现有销售团队的凄惨状况：在业务高峰期的那几年，他的销售团队一度发展到了50多人，但这两年由于种种原

因，整个销售团队只剩下十来个人。

销售人员的锐减意味着业务的大量流失，他的企业现在已经处在悬崖边缘。在跟我讲完困境之后，他提出了一个想法，那就是招聘一个有经验的销售经理帮助他来重新组建强大的团队，然后把业务重新做起来。

我否定了他的想法。其一，真正有能力、有经验的销售管理人才很难招；其二，只要把现有的团队盘活，一样可以焕发出生机。我给他的建议是，先考察一下团队里剩下的销售员能做什么，再看看自己能做什么，然后再做决策。

我告诉他，团队里虽然走了一大半人，但留下来的显然是"想做事"的。所以，接下来要做的就是让这些想做事的人能做事。我当时给这个老板的建议是，让他躬身入局，因为他原来也是销售出身，而且只有他自己知道企业目前还能做什么，比如产品还能提供多少增值服务，给客户做多少让利，以及哪些开发中的客户值得继续深挖，等等。然后需要他把"能做什么"这些信息，告诉销售团队中还剩下的那些人。

在我的建议下，这个老板开始亲自带销售团队，从每一个人能做的每一件事入手，他开始手把手地示范规定动作、强调要领，一段时间之后，公司的销售情况逐渐好转起来。

"能做什么"，离不开现有的个人基础、文化知识、专业技能掌握情况，甚至还包括职业道德操守和行为习惯的养成等。所以，在制度建设方面，销售团队要从多个方面约束和规范销售员的日常行为，既包括工作中，也包括业余时间。

比如，可以强制规定每个销售员每周必须参加一次公司技术部门的业务培训，强制参加所销售设备的维修、维护技术、操作原理规范学习，以及所销售软件、系统的编辑原理学习，等等。也可以在制度中明确约定，销售要定期读完一本销售类的图书，并写出读后感，在团队中定期分享、集中讨论。

3．"我在做什么"：把事做成，要依靠执行力

想做、能做，并且已经在做了，接下来，就是如何把事做成了。我们讲了许多销售的方法、心法，但是这些方法能不能在销售人员那里得到恰当的运用，进而把事做成，拿回结果，关键还要依靠执行力，所以管理者要给销售人员的执行力加上强有力的制度约束和保障。在这里，有三个思路可供参考。

（1）用制度确定责任人

市场策略定下来之后，销售目标也将随之确定，要让团队具备强大的执行力，就要依靠制度来确定责任人。我历来主张通过制度确定责任人，理由是，制度是硬性的，能够准确无误地将目标予以传达和贯彻。通过制度确定责任人，战略和信息不会被截留和歪曲，制定的目标也通过制度得以扁平化。比如，销售团队可以通过签订年度责任

书,来公开每个人的业绩指标,让每个人都心平气和地接受目标的同时,也为完成目标而燃起斗志。

(2) 用制度树立竞争观念

管理者可以通过设定与业绩目标完成情况挂钩的晋升制度、奖励制度,来激发团队内部的竞争氛围,进而树立大家的竞争观念。这样一来,不论是对同行业对手,还是对内部同事,所有人都会持有一种竞争者的心态,敢于竞争并且善于竞争,进而激发自身潜能,取得结果。

敢于竞争,意味着销售员具备自主意识,能够用敢打敢拼、不畏强手的精神,取得市场搏杀的胜利;善于竞争,意味着销售员充分了解自身的优势和不足,懂得如何扬长避短,使自己在做成事的过程中始终处于有利地位。

(3) 用制度建立反馈机制

销售工作中,管理者得到及时的反馈是销售人员提升执行力的保障。在制度上,管理者建立的反馈机制要快速、真实、准确。

在阿里的销售团队,不论是周总结会,还是月度例会,或者是季度会、半年会、年度总结会,所有会议记录及纪要文件,都要求必须在当次会议结束后的24小时之内形成终稿,完成签发,并送达每个相关人手中。之所以对时间要求这么苛刻,是因为纪要具备时效性，会上做出的决定、安排、部署，必须在有效的时间内让相关人员知晓、签收，并据此执行。这是一种最直接的反馈。

在销售工作中，执行情况的好坏，要通过有效的反馈来传递。所以，管理者要通过制度，建立定期或不定期调研的工作要求，让具体负责销售的主管和经理随时掌握销售人员的工作完成情况，以及他们一个时间段内销售业绩的走势，从而实现趋利避害。

这就是"授人以鱼，不如授人以渔"。管理者除了要教会销售人员各种必要的销售规程、流程动作以及相应的规范，还要对这些方法进行思维上、意识上的丰富与强化，然后通过制度化这种相对强效的方法，让授人以渔的成果及效率获得大幅度的提升。

拉一把：
给方法，给协助，给权力

每个人都有自身优势，只不过体现在不同的方面。根据每个人不同的特质，销售管理者可以充分发掘他们的优势，让其成为团队中"对的人"。但是如果一个人看上去总也不像是具有销售工作必备特质的情况该如何是好呢，这种情况管理者就毫无办法了吗？其实也不是。我们打造销售团队，并不要求销售人员各具特色，只要每个成员都能按照对的方法，拿到合理的结果，这就是一支由合格销售人员组成的合格团队。对于刚加入销售行业、看似没有任何优势的新人而言，对他们的辅导可以遵循三个原则：全面辅导、明确阶段、结果导向。

1. 全面辅导：建立系统化的新人辅导体系

一个优秀的销售管理者，要在系统化辅导新人方面建立四大体系，分别是汇报体系、制度监督管理体系、过程目标管理体系和业绩管控体系。

（1）汇报体系

这一体系除了设定早启动、晚分享等机制，还要教授新人如何做日、周、月总结，以及 CRM（客户关系管理）系统如何使用，日报、周报该如何写，等等。我遇到过很多连日报都不会写的销售员，主要原因是主管并没有很好地教会他们。下面就以写日报为例，给大家详细讲解一下管理者的具体辅导。

在每日的总结会或分享会上，许多销售人员递交上来的日报是毛坯化的、个人化的，他们只是尽可能多地记录过程，把会上讨论的事情和每个人发言的要点记录了下来，但丝毫没有后续行动的纲领。

日报应该是一份总结+计划的文本，且能够体现出一个销售人员在团队中的行为成果以及后续行动是否与他的主管达成了共识。日报最重要的是三要素：结论、责任人和跟进点。如果有未能达成共识的事项，要明确列出未决问题。

一份有用的日报，除了时间、地点、人员等基本格式，必须是清单体，每一条内容都彼此独立、逻辑平行，要体现出将要做什么事、谁负责、什么时间完成、达到什么效果。

另外，日报除了要发到微信群里，同时要用邮件发送。发邮件时，要以正文和附件的方式，同时发送纪要内容。写邮件名时，不要用"某某日报，请查收"，这样效果最差，不妨改成"某某日报，请确认我所负责事项"。这样才有可能保证大多数人会认真看一遍。

最后，一份日报，绝对不应该超过1000字。如果超过了，说明执笔人没理解当天的总结会到底发生了什么。

汇报体系，是为了让管理者清楚地知道新人的一天或一个阶段都做了什么，哪些地方值得肯定，哪些问题亟待改善。这是辅导新人增长业务，让他们存活下去，进而变成标杆的第一步动作。

只有完备的汇报体系，才能对销售人员的问题对症下药，进而帮助他们获得成长，拿到结果。

（2）制度监督管理体系

这一体系要让新员工遵守自己销售工作中的纪律，主要包括拜访客户的数量、流程、方法与步骤，以及工作中绝对不能触碰的高压线。

在阿里的时候，我曾经遇到过这样一个销售员。有一次他当天的拜访量没达标，但为了晚上去跟女朋友约会，便在客户数量上做了假。被发现之后，他一再认错，却没能改变离开的结局。

可能有些人会觉得这样做太残忍，毕竟这个销售员确实是有特殊情况，但是公司却不能因为某一个人就失去了原则和底线。"高压线"设置出来，就是要告诉全公司的人，这条底线是绝对不能触碰的。

制度必须是铁律，是原则，不容更改。在日常工作中的每一个制度化的动作都需要管理者对新人严加规定，形成习惯。

比如，我在"贺氏销售管理的六脉神剑"中提到过，拜访流程一个都不能错，错便止步于此。这是根据结果导向来说的，但同样适用于销售员的客户拜访过程，如果流程出错了，应该立即停下来，按照对的重新来过，否则永远也无法培养出合格的销售员。

（3）过程目标管理体系

这一体系针对的是管理者应该如何管新人的问题，形象一点来说，就是告诉销售新人，在工作中的具体环节该做哪一个动作，动作的完成标准是怎样的。下面，我们以主管带一个新人一天的日常工作为例来详细讲解一下。

早启动：也就是今天工作安排都有哪些，今天的工作目标是什么；

午沟通：新人要和主管汇报上午工作进展、问题，以及下午的工作安排；

晚分享：分享今日目标的进展、策略方法讨论、好方法的分享、问题的反馈等等；

晚效率：包括处理leads（销售线索），录拜访，写日报，以及第二天的客户电话开发预约、资料收集、路线安排、客户方案准备等。

在实际工作中，这是销售管理者对销售新人每天都要进行的辅导内容，也就是说，每个销售新人每天都要从事以上规定动作，并形成习惯。这样不仅能够让管理者顺利掌握销售新人每天的工作过程，更重要的是可以不断锻炼他们的业务能力。

（4）业绩管控体系

汇报、制度、过程，都是为业绩服务的，因此管理者要为销售新人制定科学而合理的业绩管控体系，这是在销售工作定目标上开城、布阵、竞对策略、市场渗透的基础，也是组织管理上搭班子、建梯队、炼文化的先决条件。

既然是为了拿到好结果，那么这个体系就必须具备效率高、敢想敢干的特质。搭建合理的业绩管控体系，需要管理者制订每一个销售新人的目标增长规划，其中包括选择什么样的增长战略，怎样制定符合战略增长的目标要求，进而加入前、中、后台协同作战体系的思考。

另外，在目标增长规划的基础上，还要研究战略目标如何在战术上分解落地的问题。其中包括月度增长计划、季度增长计划、半年增长计划、全年增长计划。

有了分解落地的工作目标，才有业绩可谈，所以管理者还需要在业绩管控体系中构建奖惩激励制度，对业绩的完成加以保障。其中包括奖励谁、惩罚谁、奖励什么、惩罚什么，以及用什么制度落实，等等。

2. 明确阶段：循序渐进地辅，才能导出好结果

销售工作的特质，决定了一个新人步入工作岗位之后，需要通过短时间的培训迅速投入到实战之中来。因此，对销售新人的辅导绝不是简单的、呆板的、俗套的。最初的辅导几乎决定着一个销售以后是否会一直走在正确的道路上，因此这里面必须要有一个经过长期检验得出的循序渐进的方式。

在新人辅导的周期及工作安排上，应该细分出第1天、第1周、第2周、第3~4周以及第1个月具体应该辅导什么，这样才是对一个销售新人负责任的态度。这一部分涉及的内容非常繁杂，后面我会单独拿出一节来进行详细阐述，此处不再赘述。

3. 结果导向：给予方法、协助完成、过程管控

建立了全面的辅导系统，并给新人制定循序渐进的辅导方法之后，还要做到一点，那就是这些辅导必须以结果为导向。注意，**销售强调的是"拿结果"，绝不是"等结果"**，这是许多销售团队的管理者非常容易忽略的关键点。

比如，当开发的新客户是有效的，拜访的过程很顺利，相应的销售技巧也已经使用到位，作为陪访的管理者就必须协助销售新人完成这一单，而不是仅凭客户的签约意愿来定。

我在阿里的时候，公司对销售主管制定了极其严格和规范的陪访制度，在我们内部这被称为"double call"。制度要求主管本身只管团队，不跑业绩，每周至少要陪一名销售员拜访客户，帮助销售员在实践中解决技术上的难题，让他能够快速成长。

在这样的机制下，所有销售主管做的第一件事就是带着销售员拜访客户，然后亲身示范拜访的全过程。紧接着第二件事，就是结合第一次拜访过程，把与客户沟通的方法和注意事项告诉员工。

接下来的第二次陪访，销售主管要切换角色定位，让销售新人当主角，主管来当配角，充当观察者。在整个拜访过程中，要观察和记录新人遗忘了哪些动作，哪些动作没做到位或者做错了，哪些动作做得很到位，值得表扬。拜访结束后会马上进行总结，这就是协助完成与过程管控。

阿里铁军销售团队多年来就是通过有效的陪访，让销售新人在一种带有指导的陪伴下逐渐具备拿结果的能力。

需要强调的是，管理者陪访的作用一方面是让新人在工作时心里有底，另一方面，也可以在发现问题后及时予以帮助和处理，但千万不要把陪访变成一种变相的监督，让新人徒增压力。要想避免这种误区，最重要的是管理者要有角色意识，陪访是"帮"下属拿结果，这才是陪访真正的目的。

辅导新人，是销售管理者需要下功夫钻研的一项本领，既要确保全面性，又要有正确的指导方法和管理工具，以确保辅导的各个环节行之有效；同时要求管理者以结果为导向，有躬身入局的意识，与销售新人一起完成其实践阶段的经验积累。

第二章
管理者要做"定海神针"

管理者不可能一开始就拥有一支能征惯战的精兵,这就需要他们筹谋好配备什么样的人,搭建好人才管理系统。这就需要管理者不仅要在管理方法上下功夫,也要明确自身定位,在团队中起到决定性作用。

管理者的三张面孔

拿到结果，赚到钱，这是对一个优秀销售团队的最好诠释。在这样的团队中，管理者，特别是基层主管，所发挥的作用并不是亲力亲为和冲锋陷阵，而是通过管理手段，让销售人员学会如何拿到结果，进而打造出善于拿结果的团队。通过多年的实战经验，我总结出了一个行之有效的方法，即要想打造出一个优秀的团队，销售管理者就必须同时扮演好三种角色，营造出三张面孔：父亲、母亲和教练。

首先，要做一个严厉的爸爸，在整个团队的管理过程中坚持执行制度，提高团队的人效；其次，要做一个温暖的妈妈，让所有员工都能感受到团队带来的安全感，让大家有所依靠；最后，还要做一个优秀的教练，有方法、成系统、精细化、过程化地对员工进行有效管控，而且要做到指导时毫不吝啬，监督时认真倾听，跟进时用标杆策略激发潜能。

1. 严父：拿结果的硬性保证

如果把一个销售团队比作一个大家庭，这个团队的管理者，应该有严父般的威严，即拥有绝对权威。

　　管理必须是有效行为，一旦管理者的指令被员工无视，就说明这个管理者没有得到充分的尊重，他发出的指令在执行过程中势必会大打折扣。为什么没有被尊重？因为管理者缺乏力量。

　　要赢得尊重，需要建立权威，并展现管理者的力量。力量意味着强势，杜绝犹豫，在决策上要展现出自己的果断。

　　2016年，特斯拉和SpaceX的创始人埃隆·马斯克成立了一家建造地下隧道的公司，研究并解决城市交通拥堵问题。这家公司的第一条地下隧道就位于马斯克的火箭发射公司地底下。会上，马斯克问道：完成隧道的第一个洞需要多长时间？

　　技术人员汇报的方案是需要两周的时间。但在马斯克审视完方案后，得出了自己的分析和结论，于是他下令：今天就开始挖，24个小时不停，看看到本周日能挖出多大的洞。

　　当天，工程师们疯狂地在工地与办公室之间奔波，三个小时后，施工地点的地面上出现了一个大洞。

地下隧道公司的员工非常清楚一旦违背他的指令，意味着将立刻丢掉工作，而事实果真如马斯克分析的那样，工程在最短的时间内得以顺利完成。

2. 慈母：拿结果的软性关怀

在实际销售工作中，很多一线员工受限于自身学习能力，不能按照一个合格销售员的标准吸纳经验与技巧，久而久之就会产生消极情绪，这样的状态自然拿不到结果。

此时员工需要的就是感性的人文关怀以及细腻的怀柔政策，而管理者这时候就要扮演好慈母的角色。慈母能带给家庭成员感召力和安全感，并且在大事面前会毫不动摇地支持家庭决策，让家庭成员在重大事项上目标统一、步调一致。

慈母的作用，主要体现在以下三个方面。

（1）调整销售人员的心态

员工心态出现失衡，最直接的表现就是不自信，而且很容易潜移默化地把这种消极情绪传递给客户。作为管理者，要设身处地地换位思考，理解员工的困惑，帮助他们找到自身状态低迷的原因，然后带领他们走出泥潭。

（2）巩固销售人员的大后方

销售团队的管理，需要做好管理与服务的结合。员工既是管理对象，需要管理者发布指令、实施过程监督与反馈，也是服务对象，即需要为他们提供应有的服务，匹配相应的资源，保证他们冲锋陷阵的时候没有后顾之忧。

（3）帮助销售人员加深对销售策略的理解

一个销售策略制定之后，执行的过程必须是强有力的，这样才能拿到想要的结果。这时管理者需要做的一件重要的事情就是，让销售人员在思想上理解和认同策略，这是提升工作效率的重要途径。科学而正确的策略会让销售人员在销售手段、拜访技巧、拓展渠道等方面得到思维上的发散、模式上的革新以及逻辑上的优化。

3. 教练：拿结果的战略战术

对销售管理者而言，最重要的一项工作就是培训和指导自己的团队成员，帮助他们快速成长。在这类培训中，实践的内容往往大于理论，所以这时候的管理者并不是传统意义上的教师，而更像一名教练。

绝大多数销售团队的管理者，都是从销售岗位转到管理岗位的，所以他们具备大量可以让员工学习和借鉴的实战经验。带着自己的队员多打几场胜仗，对于大家的成长来说更有实际意义。而要想带领团队多打胜仗，管理者要做到以下四件事：

（1）让销售人员乐于接受培训

销售看似是一个复杂的工作，实际上就是一个人与人之间沟通的过程，即使是受教育水平相对较低的员工，只要愿意接受培训教育，乐于学习新的事物，也有全面掌握销售知识和技能的一天。

（2）制订行之有效的日常管控方案

在日常管控中，最重要的是安排每个员工在不同的阶段做他们应该做的事，只要有工作上的量变，就或多或少地会有绩效上的质变，哪怕他的销售技术没有那么先进。销售管理者作为教练发挥的作用，并不是亲力亲为地做销售中的具体工作，而是要通过制度、纪律、工作方法的传授、工作经验的输出，让员工知道该做什么。

（3）制定契合市场环境的销售策略

制定出一套有效的销售策略，就可以找到更多、更优质的客户，进而完成更多订单。而销售策略的产出，需要销售管理者懂得排兵布阵，临场指挥调度。比如，要了解每个员工的特点，洞察他们的优势与不足，再根据这些特质为每个人做相应的辅导和培训。与此同时，还要根据每个员工不同阶段的不同状态，为他们制定合理的制度。只有这样，才能让员工在完成自己分内之事的同时，尽最大努力帮助团队取得胜利。

（4）制定科学合理的绩效考核

对员工而言，谈归属感、谈企业文化、谈职业规划、谈经营理念都是苍白无力的。他们不对公司或老板负责，他们只对自己的绩效负责，薪酬考核指标在很大程度上决定了员工要做哪些具体工作，以及能做到哪种程度。需要注意的是，薪酬绩效必须和销售策略相辅相成，两者间不能出现对立、对抗的局面。

鉴于销售管理不同于一般管理，它要求管理者必须长期处在"业务—创收—新业务—新创收"这样的无限循环当中。面对复杂程度和紧凑程度都非常强的管理局面，销售管理者必须将自己打造成"一人多面"的形象，这样才利于团队的成长和发展。

规定动作做到位，
才能提高人效

优秀团队的管理者，既要展现自己独特的人格魅力，又要给予下属关键性的辅导，发挥自身业务层面的巨大作用。许多公司在销售策略、团队架构、人员士气等问题都解决之后，往往忽略了一项极为关键的工作，那就是对管理者自身的辅导和任用。如果管理者连基本的管理手段都不具备，就想通过对销售流程中关键节点的针对性指导来提升业绩，无异于闭门造车。

要拿结果、创业绩，优秀的团队、正确的策略、有效的方法缺一不可，而这三者加在一起，将会形成一个体系，只有有效的体系，才能确保业绩的持续增长。这个逻辑放在任何一类部门和团队都适用，而在销售团队，这种体系的搭建则围绕不同层级的管理者进行。

1. 对基层管理者的培养应侧重辅导体系的搭建

很多企业会聘请专业人士来组建自己的人力资源部，之后再用专业方法使整个企业自上而下成长，以便达到良将如云的目的。最后，当企业将团队辅导体系落实到主管身上，主管才能按章办事，知道遵照这一体系把新人招进来后，企业需要花多长时间、用什么样的方法，才能挖掘出新人的潜能，使其快速成长。

在日常管理中，主管除了要起到上传下达的作用，还要向下严格执行已定好的规章制度，比如"早启动、晚分享、中间抓陪访"，以及日报、周报、月报和月度复盘会等工作内容。只有在严格的日常管理体系之下，主管的监督工作才能进行到位，团队才能拿到更好的业绩结果。

除了团队辅导体系和日常管控体系之外，销售主管还必须善用漏斗，把单一的客户资源从潜在客户阶段发展到意向客户阶段，再将意向客户变成真正的A、B、C类客户，最后达成交易。而管理者的作用，就是对员工业绩和组织业绩进行管理和把控，以便提高签单率。

2. 对中高层管理者的培养要侧重流程体系的搭建

销售团队的高级管理者通常要做的都是一些形而上的事情，比如，构建某个策略方法体系，建好后再把它教给中层管理者，让他们去具体执行。这样做的好处在于提升中层管理者能力的同时，还能降低他们的工作难度，一言以蔽之，高管高在哪儿，就是要站在高处，以宏观的视角审视销售团队，通过建立完整的、可执行的工作流程，让中层和基层的管理者能够更全面地发挥自己的效能。根据多年的团队管理经验，我总结了销售团队高管体系构建工作的流程。

（1）市场渗透力

从市场渗透出发，通常先让高管按企业销售产品体量的不同，将产品进行区域化分，之后再根据不同区域进行针对性的市场定位和战略布局，由中层管理者根据高管给出的市场定位和战略布局，具体落实到基层销售人员身上。基层销售人员通过改善服务、产品等措施，就可以逐步提高产品销量和产品在市场上的占有率了。

（2）团队梯队管理

所谓团队梯队管理，就是从基层梯队到主管梯队，再到区域经理梯队、销售总监梯队，自下而上地将梯队中不合适的人员优化掉，再把合适的人员放在合适的岗位上。

（3）销售策略方法

很多企业都会根据事业的发展版图、市场扩张及团队成员的增加来制定相应的销售策略，但是这种策略绝不像泛泛的促销策略那么简单。

阿里巴巴市场部门的员工几乎都有过参加展会的经历，公司要求他们到展会上做传播，把供应商推荐给买家。这样的好处就在于，通过寻找大量买家，就能在面对客户时提升客户对我们的信心。而这种方式，也是典型的销售策略方法之一。

在企业里，关于销售策略及方法的制定，比如怎样增加新区域、怎样提高人效等，一般都是高层管理者要考虑的内容。当高层管理者制定好策略后，中层管理者就可以按照既定策略具体落实到基层销售人员身上了。

这就是为什么从基层人员的销售技巧中就能看出其背后销售团队、高管层面及整个企业对待成交具有怎样的策略。

（4）战略目标分解

对于任何一个销售团队来说，不论是高管还是中层管理者，都应具备分解战略目标的能力。比如，企业制定了一个10亿元的整体战略目标，高管就要教会中层管理者从这个战略目标出发，去计算全年中每个阶段的销售目标。在这个过程中，从市场、人效到拜访转化率、产品客单价的设定等，中层管理者都要学着去考虑和计算。这就意味着中层管理者在执行高管指令的同时，还要努力提升自己的能力。

（5）销售体系建设

当高管建立起一套相对完善的销售体系后，基层销售人员就可以以该体系为核心开展销售工作了，这样不仅能大量减少销售人员在销售时的摸索过程，还能在市场中形成自己的销售特色，树立企业的销售形象。

很多人在购买电器后，很少会遇到品牌方主动服务的情况，大多数都需要自己反复打电话给客服，咨询具体的安装时间，或是催促安装工人尽快来安装等。但是，小米与这些电器背后的企业完全不同。

我之前买过一台小米空调，买完后，我几乎天天都能接到小米客服和安装人员的电话。后来我了解到，他们都是以街道为单位为客户安装空调的。这就充分展现出小米良好的售后服务。小米所做的这一点，在我看来才叫体系，才是能让客户感动的管理。

建立销售体系的好处，就在于能让整个组织架构下每个员工的步伐都保持一致。高管构建出体系后，通过中层管理者去执行，便能让非标准化的人才拿到可标准化、可复制、可具体化、可拿到结果、可持续成长的好结果。

（6）业务中台搭建

业务中台是相对于企业的前台与后台而言的，前台面向客户，后台主抓服务，中台的搭建则是为前台与后台的正常运转服务的。

我们可以把业务中台比作一棵苹果树的树干，苹果长得好坏，关键在于树干传输养分的过程。如果这个过程出了问题，要么结不出苹果，要么结出来的苹果又酸又涩。

同样，面对一个客户，从陌生到了解、熟悉，再到信任、签单，这个过程就是成交流程。如果你违反了这个流程，就相当于违反了苹果树干传输养分的客观规律，最后也不可能实现成功签单。

显然，不论是基层管理者还是中高层管理者，培养的过程都比销售人员的培养过程更为复杂，但这也是非常容易理解的，我们培养一个合格的管理者，其难度和时间成本，肯定大于培养一个业务型人才，这也是销售管理尤其重要的原因。要拿结果，需要合格的管理者带领合格的销售人员，而合格管理者的培养过程，必须是全面而严格的。

要抓大放小，
也要控制节点

一个团队之所以优秀，是因为有一群朝着共同目标奋斗的伙伴。而想要打造一支销售铁军，不但需要伙伴们为同一个目标共同协作和奋斗，更需要管理者在销售的每一个环节抓住核心关键点，保证每一个环节都能够平稳运行。对于销售的业务层面，关键节点有三个，分别是市场渗透、过程指标和客户预测。

1. 市场渗透

企业的业绩想要一年比一年好，管理者就应该让高管和中层管理者都拥有市场渗透的能力。因为不管是销售战略还是发展计划，最终都经由高管和中层管理者按区域将其分解到省、地级市、县级市，甚至是乡镇。

市场渗透战略是企业经营最基本的发展战略之一。面对尚无人占领的市场区位，企业需要通过提前布局实现对市场的渗透；而对于竞争对手已经布局的市场，企业同样需要通过加大投入的方式，实现对市场的强势渗透，抢占市场份额，赢得竞争。

20多年前成立的中国制造网（Made-in-China），一直以来与阿里中国供应商做的都是一样的产品，但它的市场占有率始终远远低于阿里，两者的区别就在于，阿里对销售团队的布局已经渗透到了乡镇。在乡镇上，阿里员工天天"播种、施肥、浇水和喷农药"，自然会产生越来越多的签单。市场渗透越深，市场占有率就越高，企业在行业竞争中取得的优势就越大。

如果竞争对手只将自己的团队分布到地级市，那么乡镇就是一个未开发的市场；如果我们与对手在地级市市场中平分秋色，那么谁能把市场渗透到乡镇，谁就会抓住先机。反之，当大家都布局在一个城市时，竞争对手在这个城市分布有30个团队，阿里只有5个团队的话，阿里同样会失败，这就是市场渗透力带来的威力和好处。

2. 过程指标

在销售团队中，很多管理者都会强调：我只看结果，不问过程。这看似给了销售人员很大的自主权和发挥的空间，但其实这是一种偷懒的管理方式。结果固然重要，可是只关注结果，反而容易让销售人员走向"不择手段"的错误道路。所以，在销售管理工作中，管理者要关注的不仅是结果，还有过程。只要过程管控好了，好的结果自然就会实现。

不过，管理过程并不像管理结果那么简单，毕竟结果只是一个既定目标，过程却是多个不同环节堆叠在一起的复杂流程。而且管理者自身的精力和时间也是有限的，不能随时随地参与到销售人员的工作过程中。在这种情况下，想要实现对过程的管理，只能从销售过程中各个环节的指标入手，对团队进行统一的管理。所谓过程指标，简单来说就是每个销售环节需要达成的关键指标，一般可以通过数据的形式进行量化。比如，销售人员每天开发多少个客户，每天拨打多少个销售电话，等等。根据销售人员在不同环节的工作数据与既定标准的对比，管理者就能快速发现销售人员在工作中的缺陷与疏漏，实现过程指标的管控。

当然，在分析销售人员的销售数据前，管理者还要确定这些数据的有效性。毕竟不是所有的数字都是真实的，只有带来一定结果的数据才是有效数据。

比如，你让一个销售人员每天打100个电话，如果他没有选择性地拨打，那么这100个电话很容易就能打出去，但这样的电话并没有太大的效用。你应该要求他每天完成多少个有效电话，达成多少个意向客户，这样的电话才有意义。所谓有效电话，就是指能够触达客户，能够产生KPI（关键绩效指标），能够产生A、B、C类客户的电话，如果没有达到这些标准，那么拨打出去的电话就都是无效电话。

虽然有具体数据和标准作为参照，但销售过程中的具体环节繁杂而多样，如果全部管控的话，对于管理者来说就是不小的压力。与其一把抓但缺乏效果，倒不如选择几个关键过程指标和数据进行有针对性的管理，比如直接管理影响销售结果的开发数据和拜访数据。

以前在阿里，我们常说这样一句话："业绩目标到底是谁的？"对于很多企业来说，业绩目标既是 CEO 的，也是销售总监的，同时也是区域经理和一线员工的。企业只有上中下同频同力，将业绩目标搞定了，才能真正让公司在每个阶段的战略目标都顺利实施和达成。

3. 客户预测

企业的业绩来源于客户，要想达成业绩目标，首先就要从预测客户开始，这样才能根据客户的实际情况拆分业绩目标，让目标更加明确。

比如，某公司第一季度已经完成了 3 亿元的销售目标，并想在第二季度将销售目标提升到 4 亿元。这时，公司就要预测一下团队中每位成员拥有的能够产生业绩的客户数量，再通过季度规划将这些客户梳理出来，把它们分配到每个团队成员身上。

预测客户的好处，就在于它可以保障企业的战略目标和战术分解落地，让企业达到准确管控每个团队甚至每个员工的目的。但是，在庞大的管理体系下，大部分企业都无法做到使所有预测到的客户最终达成交易，究其根源，主要是因为大部分员工并不具备这种签单能力。

我在阿里工作的时候，有的员工在跟客户沟通之前，缺乏对客户合理的分析和判断，只凭着自身并不太好的沟通能力和业务能力直接与客户对接。最后，可能因为他的这种盲目自信，硬生生地把一个好客户谈成了延后签单客户，甚至干脆把客户弄丢了。

判断员工是否能准确地预测客户，是每个企业都要注意的问题。企业可以通过分析销售团队中个人的数据来获得最终结果。比如，如果想要知道某个员工预测客户数量的准确性，就可以通过分析该员工在过去3个月或6个月里对预测客户的转化率。依靠这个数据，基本上就可以判断出该员工拜访转化的具体情况了。

除此之外，管理者还可以通过深入调查，弄清员工拜访转化率背后的成交因素是什么，是员工自主开发，还是单纯依靠公司提供的资料线索就实现了成交？弄清这些问题后，就可以帮助管理者更加深入地了解员工的能力，并找到他们需要改进的地方。

第二部分
同力

只有当目标、策略与制度共同发挥作用，三者"同力"，力出一孔，才能让付出有回报，稳拿业绩。

第三章
以最高目标为行动准绳

目标的制定，展现的是管理者的战略能力。以"今天的最好表现是明天的最低要求"为标准，才能让销售业绩不断突破，才能制定出切实促进目标增长的实战策略。

先做好复盘，
再定目标

阿里在初创期，为了生存下去创造性地设计出了销售"金银铜牌"考核制度：

销售员当月的业绩决定其下个月的提成，提成比例分为三档：月销售额10万元以上为金牌，提成是15%；月销售额6万~10万元为银牌，提成是12%；月销售额6万元以下为铜牌，提成是9%。

这一考核制度会带来连锁效应：比如，如果一个销售员当月的业绩达到了10万元的金牌水平，那么他将在下个月而不是本月拿到15%的提成，一旦他有所松懈，就会导致下个月的销售额出现下降，那么下下个月的提成点数偏低不说，本月的金牌资格也浪费了。

在后来阿里销售铁军的"新六脉神剑"里，这一制度被总结为：今天最高的表现，是明天最低的要求。这句话不仅帮助阿里度过了最困难的时期，也在后来的日子里始终激励着阿里不断突破常规，用创新的方式实现高速增长。

现在，很多企业都在用这句话来激励和鞭策团队，告诉大家不能懈怠，不能躺在昨天的功劳簿上，要对团队和自己持续提出高要求。但对于销售管理而言，真正的问题在于，怎样才能保证今天的最佳表现。意愿上的动力固然重要，但对于一个团队来说，找到可以推广和复制的成功经验和方法更加重要。

1. 学会复盘，找到最好表现的原因

在我的印象里，国内最早把"复盘"这一概念引入经营管理的企业是联想集团，它提出"大事大复盘、小事小复盘"，将复盘文化深刻地融入组织基因中。对于销售工作而言，复盘尤其重要，它决定着一个销售人员能否从今天的工作中汲取经验，以便更好地借鉴于明天；也决定了一个销售管理者能否从复盘中发现自己所带领的团队在当前阶段工作中最突出的问题，进而帮助他们尽快改进。

尽管大家都知道复盘的重要性和作用，但是在实际的销售管理中，却有很多管理者并没有真正做好复盘，让复盘发挥出应有的作用。

在和一些学员聊天的时候，他们经常会说起关于复盘的问题。渐渐地我发现，很多管理者对复盘的认知还停留在走流程、难落地的层面。有的人认为，复盘就是简单地回顾目标和结果，分析原因并总结经验。但是，如果只是简单地走一下所谓的复盘四步骤，那么复盘和一般的工作总结还有什么区别呢？

实际上，复盘绝对不是简单的流程工具，对销售人员来说，这是一种思维模式，是在实践中学习的思维模式，是放大亮点、持续寻找销售成功底层逻辑的过程，考验的是韧性和深度思考能力。更重要的是，如果销售员在复盘过程中有一个好的引导者，可能会有更大的帮助。这时候就需要销售管理者发挥作用了，因为管理者会从一个相对"旁观者清"的角度，对销售员本身的行为起到引导催化、旁敲侧击的作用，帮助他们发现认知遮蔽。一般来说，在帮助销售复盘的过程中，管理者要注意在5个方面加以引导。

（1）开放心态

管理者要和销售员一起复盘他的工作，在复盘的过程中，不要居高临下地评头论足，而是要采用开放包容的心态，站在一个平等的位置，建立角色代入式的情境。

（2）坦诚表达

管理者和销售员在复盘的时候，都要做到有什么就说什么，想说什么就说什么。销售员做得好的地方，管理者要毫无保留地点出来，让团队里每个人都知道这些做法的可取之处。另外，管理者也要引导销售员把内心想法说出来，包括一些负面情绪、想法，甚至意见和抱怨，尽量做到"会上说清楚，会后不议论"。

（3）实事求是

复盘销售员的工作时，对就是对，错就是错，对事不对人，对销售人员工作表现中的优点和缺点，既不避讳，也不夸大。另外，对不同销售人员的复盘及点评，管理者也要做到一视同仁。

（4）反思自我

反思自我是相互的，也就是说，在复盘过程中，管理者不仅要帮销售员找到他们工作中的问题，剖析原因，也要思考自身有没有问题，比如有没有对销售人员指导不到位、不全面的地方。

（5）集思广益

在给销售人员做复盘时，大可不必采用一对一的模式，可以是管理者带领团队全员进行，也可以是所有事业部、销售团队的各层级人员一起开展。有时候，复盘的过程中，来自外部的声音往往会对团队起到意想不到的帮助。

我以前带销售团队的时候，引导过很多次复盘过程，这本身就是团队学习的一次机会。深度复盘意味着不追求表面解，不放过任何一个模糊的答案，而是要追根究底。

2. 善于放大亮点，不要总盯着不足

在课堂上，我经常对学员们说这样一句话："要学会用欣赏的眼

光看待他人。"

最好的表现一定是由很多要素组成的，有可能源自管理者辅导到位，销售按规定完成了每一个动作，所以取得了出色的成绩；也有可能是得益于管理者的陪访，让销售获得了宝贵的经验和感受。要知道，绝大多数业绩是依靠销售的优点获得的，所以为什么一定要抓住他们的弱点和不足不放呢？

所以，要想让今天的最高表现成为明天的最低标准，就不要执着于找问题、纠责任，更有价值的是放大亮点。在亮点中寻找成功要素，往往可以分两类，一是制度流程上可以固化的，二是员工可以刻意练习的。

（1）制度流程上的固化

一个销售的最高表现，可以成为可复制的典范。

举个例子，有一家公司的销售团队，面对的客户是生产型企业，主要向客户销售生产设备和整条生产线。那么一个销售冠军的哪些方法和经验可以成为亮点，并被成功复制呢？

通过管理者对团队内销售冠军的工作流程的观察，发现在设备调试、维护维修以及生产信息沟通方面，销售冠军做得非常及时和到位。他们会根据客户反馈来的信息，及时与公司的技术部门沟通，形成销售的售前、售后联动。接下来，管理者进一步发现，销售冠军都是采用微信、建立临时群组等不正式且自发的方式，与公司相关部门进行沟通和联动。这时候，就是制度流程固化进而扩大工作亮点的好时机。

管理者可以发挥自身职能，联系其他部门的负责人，建立一种固化的沟通机制，并将此作为销售团队每一个人日常工作的一部分，形成制度。这样一来，管理者就可以通过优秀销售善于沟通的特点，找到继续实现下一阶段销售增长的普适性方法。

（2）员工的刻意练习

除了发现可以固化下来的可复制的亮点，管理者还需要有审视和观察趋势的能力。销售人员通过不断重复练习取得的进步，就是他们今天取得的最高表现。

以前在我的团队里有一个销售员，刚开始的时候业绩很普通，无论是在能力还是性格上，都是团队中是最平常的。我对她的辅导原则是，先从自己能做好的事情开始。

于是，从最简单的写日报开始，她日复一日地不断重复练习。过了一段时间，效果显现了，她的日报写得越来越好，甚至成了团队中最标准、最出色的。我立刻捕捉住她的这一亮点，号召全组人员学习她在写工作日报上的优点。

通过这件事，她受到了极大的鼓舞，自信心成倍增长。在接下来的工作中，无论是开发客户、拜访还是签单，都随着信心的增长而越做越得心应手。

这就是发现并扩大销售人员身上的亮点带来的效应。既然今天的最高表现源于他们身上亮点的闪现，那么这种亮点就势必会成为他们在明天取得更大进步和成功的重要突破口。

3. 不放过任何一个学习机会

那些在学术领域取得巨大成就进而载入史册的人，无一不有着这样的感慨：越是站在知识的巅峰和顶端，就越发觉得自己知识的匮乏，对宇宙和世界蕴藏的奥秘就越心生敬畏。而那些对知识极度匮乏甚至一无所知的人，反而更容易骄傲自满、夸夸其谈。

因此，冷静地看待今天的最高表现，就会有冰山一角的感受，因为我们不知道今天的最高表现到了明天还能剩下多少，只能把它当作明天的最低标准，才有可能取得更大的成就。

不论是销售管理者，还是基层销售人员，都不能停止学习，也不要放过任何一个学习机会，这是成功的基础，也是成功的关键。

> 我曾经听过一次演讲，那一次在台下所获得的东西，远比在台上时要来得深刻。当时，那位演讲的老师文采飞扬，整个演讲的过程和内容都特别精彩。
>
> 演讲结束后，我有幸跟那位老师进行了简单的交流。当时我就向他请教，这么精彩的演讲是如何做到的。
>
> 他的回答很简单，就是多看书。他说，他的老师一年要看

300本书，因此他也决定一年看300本。我问他，看书就能变得优秀吗？他说是的。

于是我也给自己拟订了一个一年看300本书的计划，并开始认真地执行。后来，这个计划真的完成了，在这300本书里，80%是销售类，20%是销售管理类。可以说，我很专注地把市面上大多数销售类的图书都读了一遍。

这种知识的积累，在后来的销售工作中起到了巨大的作用。有一次，我去拜访一位大客户，如果谈成了将会是一笔大订单。客户饶有兴致地讲起了他公司的对外贸易问题，得益于从书中学来的知识，我和他进行了畅快的沟通，面对他的相关专业问题对答如流。客户非常惊讶地对我说："想不到你这方面的知识储备这么丰富，专业度这么高！"最终，我很顺利地拿到了这个大订单。

学以致用，知行合一。学习会让你不断获得高光时刻，而这些都是取得更大成就的基础。

总之，"今天最高的表现，是明天最低的要求"，这句话最好的诠释就是，在销售的世界里，没有一步登天，也没有功德圆满；取得了成绩，要复盘，把复盘得到的经验不断扩大；平日要持之以恒地学习，把今天的成果不断转化为明天行动的准绳，向着更高的目标迈进。

三步打破"小富即安"的增长瓶颈

一个销售人员工作了一段时间,掌握了一些技巧,拿回了一些结果和成绩,就开始由一名销售新人逐渐向老员工蜕变。这个时候,很多销售管理者在工作中都会发现这样的问题,就是销售人员的业绩提升到某个层次之后,他们就会逐渐懈怠,业绩增长也因而放缓甚至停滞。

我的某个学员所管理的销售部门里,就有一个非常有天赋的销售人员。刚进公司的第一个月,他就创造了12万元的业绩,第二个月业绩就提升到了20万元。正当领导考虑是否将其作为自己的接班人进行培养时,这个销售人员的状态却突然出现了问题。从第三个月一直到年终,他每个月的业绩都很稳定地保持1万~2万元的增长,但自始至终没有更进一步的突破。

从整个销售团队的业绩来看,他依然处于优秀的行列,但领导对他的期许并不仅限于此。团队的管理者一致认为,他到年底至少应该做到80万~150万元的业绩,可最终没有等来这个结果,几经沟通,管理者发现了问题的源头,他自己陷入了小富即安的懈怠状态中，不愿意再像刚进入公司、急需业绩来站稳脚跟的时候那样，继续去拼命努力了。

企业中出现这类问题很正常，毕竟人都是有惰性的，销售人员日复一日地工作，不仅非常辛苦，还经常吃闭门羹。老员工之所以在很多情况下成了令管理者头疼的"老油条"，往往就是因为小富即安的懈怠状态。

老销售熟悉业务、经验丰富，是团队的中流砥柱。但是，作为销售管理者，要时刻有这样一种意识：大战在即，如果老员工突然开始泼冷水、唱反调、掉链子，甚至直接提出离职，这时候该怎么办？

遇到这些情况，很可能对团队业绩和团队发展造成致命打击。缺了老员工，以老带新怎么进行？老员工跳槽，客户资源被带到竞争对手那里怎么办？

很多管理者在面对工作意愿度降低、平时不在状态的老员工时，总是喜欢讲大道理或者推销未来，甚至有学员问我："贺老师，请问怎么给员工画饼才能让他们充满活力？"

对于这种方法，我的态度比较悲观。事实上，你用哄骗的方法并不能帮助老员工。就算短时间有用，但这种打鸡血的方法时间一长就会失去效力。

要想真正由内而外地唤醒老员工，我给大家一套方法。这套方法分为三步：第一步，达成行动共识；第二步，搬走业绩阻碍；第三步，建立业绩增强回路。

1. 达成行动共识

跟老员工谈工作，如果一开始就提要求，让他们改正一些问题，这很难获得他们的认同。他们很可能会找各种借口来辩解，甚至有很大的抵触情绪。

我建议和这样的老员工进行一次"软硬结合"的谈话。首先是软性的部分，肯定他过往对公司的贡献。毕竟能成为老员工，往年的贡献一定有目共睹，也应该在此时肯定他的榜样与表率作用。

接下来，要抛出硬的部分，提出一系列问题：销售额和转化率是否在逐年提升？市场策略的制定过程中有没有积极参与和融入？带新人是否尽职尽责？对自己的职业规划是否偏离了本心？加入团队时的初心剩下了多少？

总之，一定要让他认识到自己还有提升空间，而他现在的状态是绝对不能令团队认可的。

在这个部分，我要提醒管理者一句：千万不要直接拿数据来批评老员工。一旦你摆出盛气凌人而不是帮助他们的姿态，他们很容易进入反击模式。这个阶段只要帮助他们认识到自己的状态有问题，达成共识就可以了。

2. 搬走业绩阻碍

老员工出现这样或那样的问题，背后的原因往往并不简单。很多时候，不是他不想好好工作，或故意跟你对着干，而是他遇到了业绩阻碍。所以，在唤醒老员工之前，应该先准确定位出他们遇到了什么问题。当这些问题呈现出来之后，不论是工作上的还是生活上的，不论是个人的业绩阻碍还是团队成员间人际关系出现了隔阂，都要有的放矢地帮助他们各个击破。

按照我的经验，老员工状态上不来，进而业绩上不去，一般阻碍会有三类：发展类、收入类和情感类。

（1）发展类阻碍

老员工不出业绩，可能是因为发展受阻了。比如说，团队里只有一个主管编制，公司提拔了一位同事，或者从别的区域空降了一位主管，这就意味着团队里其他员工的上升空间被堵死了。

作为管理者，在这方面有两个渠道帮助老员工突破发展瓶颈。一是发挥管理职能，帮助他们争取到外部团队的晋升机会；二是内部给他们授权，让他们比一般的员工高半级，在一定范围内可以指挥调动其他员工。这势必会让老员工增加晋升机会，就算短期内没有晋升，由于充分授权，他们也会成为团队中管理者或领导的左膀右臂。

当然，发展类阻碍绝不仅仅体现在晋升层面，也包括老员工自身的能力问题。比如市场环境改变、公司策略改变，进而工作任务、销售计划指标等发生变化，甚至对应客户群体也发生变化，导致他们原本擅长的能力用不上了。

每个销售团队的管理者，几乎都会遇到新员工的能力超过老员工的情况。特别是在类似阿里巴巴这种互联网电商企业，技术不断迭代，在旧环境里春风得意的老员工很可能会被突如其来的新媒体打得措手不及。

对于这样的情况，解决方法是高低搭配。老员工虽然不适应新的模式，但他们对公司的熟悉度、对业务的理解肯定比新员工更深刻，可以给老员工配一个新员工，形成一个小组。

比如，在如何有效宣传产品上，把一个善于投放传统广告的老员工，和一个从大学就开始玩新媒体的应届毕业生搭配在一个组，是非常合理的。老员工可以教会新员工品牌传播和预算管理，新员工可以教会老员工如何引流和转化。这一手高低搭配，一下就把原来的业务给盘活了。

（2）收入类阻碍

当老销售碰到收入瓶颈时，作为管理者要主动帮他分析，怎样才能尽快实现收入突破，是尽快完成重要签约、通过晋升来提高工资，还是努力完成全年业绩，拿更多的销售佣金？

当然也有可能，本来他对收入比较满意，但听说新同事工资比他高，心生不满。在很多公司，新老员工的薪酬倒挂是很常见的事情。遇到这样的情况，建议管理者及时建立薪酬调整机制或方案并反馈给上级，使新老员工的收入分配更为合理。

如果公司不愿意打破薪酬结构也没关系，还有别的方法可以解决。比如，申请设立留任奖。老员工任满三年之后，就能拿到一笔额外的留任奖金。这样既没有打破薪酬结构，也能够给老员工一个交代。

（3）情感类阻碍

比起前两种，情感类的问题更隐蔽，但同样不可以忽视。

比如，团队中的一位老员工勤勤恳恳干了三五年，甚至更久的时间，但团队分配给他的资源都不在近年来的主打经营区域，因此导致他所具备的优势难以被发现。而团队里大多数拿得出手的资源，都给了那些明星员工。如果是这类阻碍，就要让他们默默无闻的付出"被看见"。

最简单直接的方法就是在类似团队拓展、团队年会以及公司年终表彰这类的重大场合，把他们请上台，接受全公司员工的感谢。

当然，也有的老员工不在状态，完全是因为同样的工作干太久了，导致了"职业倦怠"，这种情况也非常普遍。这时候，干脆给他放一个长假，让他好好休息一下，也许很快就会恢复过来。

除了放长假，我还总结了两个独特的方法：一个叫作"老事情新做法"，就是鼓励这些老员工尝试新的方法，用新的销售方式，去完成熟悉的工作；另外一个叫作"新事情老做法"，就是把团队里全新类型的产品或服务的销售任务交给他们，发挥他们的经验优势，帮助他们在一些很难拿下的项目上实现突破。

3. 建立业绩增强回路

唤醒老员工不是一次性工作，作为管理者，要帮销售人员建立一个长期的激励和业绩之间的良性循环，这样才能让老员工一直保持状态。

关于如何建立这个良性循环，我给大家提供一个完整的方案：冷启动，帮下属走出第一步；然后建立业绩和状态之间的正相关性；最后通过表彰来增强循环。

我在阿里带销售团队的时候，有一个在一线干了 4 年的销售出现了职业倦怠的情况。我当时的做法是，给这位销售一次冷启动的机会：鉴于我发现他比较擅长传授经验，对人才培养也特别感兴趣，所以让他承担了更多的新人培训工作。

在这个过程中，我不断地强调"最好的人教更好的人"这个观点，并嘱咐他，对培训要高度重视，把最好的一面展现给新来的销售人员。

这个方法，让他充分体会到了"好为人师"的乐趣，不仅给新员工带来了优质的辅导内容，也让他自己的销售技巧得到了进一步提升，进而在销售业绩上取得了大幅度提高。与此同时，得益于他辅导出很多优秀的销售新人，领导层也一致认可了他的工作，并给予了通报表彰。

让一个老销售去做新人培训，实际上就是从他本职工作的侧面入手建立增强回路，这就是"冷启动"的做法。一旦发挥作用，可以立即引导他将培训新人的工作成果转化到自己本职工作上来，让他的状态与业绩形成相辅相成的"正相关"。最后，这条增强回路完成之后，老销售得到了物质、精神两个层面的表彰，他的信心也被彻底建立了起来。

上面就是我总结出的一套唤醒不在状态的老员工的方法。当然，不在状态的老员工只是团队中的一部分，对于大多数老员工来说，管理者同样需要积极关注，并采取一系列的帮扶动作，让他们在业绩和能力两个方面都获得大的提升。

树立销售标杆，
让强者更强

对管理者而言，有一个问题值得深思：销售标杆在团队业绩增长中可以起到怎样的作用？

在阿里巴巴我曾多次拿到全球销售冠军，月度最高业绩做到了 1400 万元。在我的带动下，我们整个团队月度业绩高达 2000 万元。

这就是销售标杆的力量，对团队业绩来说，销售标杆具备非常显著的拉动作用。当然，销售标杆的作用并不局限于此，它还能反向激发管理者的战略思考。有时候，受以往业绩的惯性思维影响，管理者在没有看到更高业绩之前，很可能并没有认识到，销售标杆受到激励之后，能够做到更高的业绩。

我在讲课时，每每讲到销售标杆的惊人业绩时，总会有听课的学员在嘀咕："道理我也懂，但是销售标杆也不是想有就有的啊。"不可否认，管理者都明白销售标杆的重要性，但是在培养上却存在着很多困难，其中主要有以下两个原因。

第一，管理者并非销售标杆出身。能做销售团队的管理者，说明本身已经具备了一定的能力和经验。但是，并不是所有的销售管理者都是销售标杆出身，他们中的很多人是因为具备一定的管理能力才被提拔上去的。所以，自己没有做过销售标杆，又何谈培养销售标杆呢？

当然，这个问题也并非无解。俗话说得好，没吃过猪肉，总见过猪跑。没有做过标杆，但总见过标杆，见过自然就可以学习、复制他们的方法和技巧。

第二，管理者低估了销售标杆的潜力。有一部分管理者的目标很清晰，那就是完成团队业绩，所以，当团队业绩达到之后，他们对团队成员便开始无欲无求。对普通销售如此，对业绩好的销售标杆同样如此，但这种做法无异于浪费了销售标杆的潜力，阻碍了他们进一步的提升。

2001年，阿里的金牌销售的单月业绩做到了11万元，2002年做到了84万元，2003年做到了130万元，2017则跃升到了1400万元。2001—2017年，阿里的一名金牌销售在16年的成长过程中，业绩增长了140倍。

事实上，销售标杆的潜力往往很大，能够成为销售标杆就已经说明了这一点。所以，作为管理者，除了要敢闯敢拼，更要敢想。对于销售标杆，要求只有一个，那就是提升，持续不断地提升。

那么，销售标杆具体要如何打造呢？有一点非常重要，那就是必须要因材施教，即对销售新人、销售老人、销售标杆要采取不同的策略，给予他们不同的帮助。

1. "close 100 次"法则：新人成为标杆的法宝

销售新人是个"三无"人员，无经验、无积累、无技巧，底子薄，不像销售老人那样有相当多的客户积累。所以要把销售新人打造成为标杆，较高的首面首签率是必须要做到的，也可以说是唯一的途径。作为管理者要告诉他们，**拜访完客户后必须要拿到一个结果：要么签下，要么放弃，没有第三个选择。**

其实对于所有销售来说，较高的首面首签率当然是最好的结果，但这是可遇而不可求的。而且一味追求首面首签率其实是一剂猛药，这种猛药只适合给新销售标杆吃。而且在给销售新人吃了这剂猛药之后，管理者必须花费大量时间进行精心辅导，陪他们拜访，教他们技巧，如此反复，销售新人的业绩才有可能突飞猛进，从普通销售蜕变成销售标杆。

想要实现首面首签，在拜访过程中，管理者一定要告诉销售新人一件事：**好客户是 close（逼单的意思）不走的，除非他本身就不是一个好客户。**对于推脱犹豫型客户，要敢于做决定，不要怕失掉客户。

我曾经带过一个销售新人，并帮助他一举拿下了一张45万元的订单。当时，那个客户是做工艺品的，拜访的过程进行得很顺利，双方谈得也比较愉快。面对客户的友好态度，销售员感到很开心，感觉这一单一定没问题。但最后提到签单的时候，客户却一直在找理由推脱。

我知道，再这么拖延下去，这一单恐怕不保，那将会极大打击销售员的信心。于是，我对客户说："孙总，如果我们现在离开，下次再约您的时候，您肯定会说，不好意思，我在出差，不好意思，我还没考虑清楚……下次见面不知道是什么时候。所以如果您还有什么问题，我们现在就一次性谈透，好吗？"当时客户的回复是"没有钱"。但我知道这也是他的说辞，因为他在之前接电话的时候，说了刚刚到账了150万元，而且在我们拜访的过程中，他也曾通过电话往外拨了20万元的款，这说明客户的付款能力是没问题的。

于是，我开始执行"close 100次"的做法。就这样，从早上9点开始，足足用了8个小时，终于一次性签下这单45万元的合同。当时，销售新人特别兴奋，因为他终于体验了一把首次拜访就签单的快感。

初生牛犊不怕虎，销售新人正是有干劲、有能力的时候，所以管理者一定要鼓励他们敢于尝试，敢于面对失败，坚持下去，往往能够拿到好结果。

2. 进阶模型三步走，老人更上一层楼

要想把销售老人打造成销售标杆，就必须用到"了解他""自驱力""协助他"三步走模型。

我在杭州做主管的时候，团队里有一个老销售，平时的业绩很一般，每个月五六万元，在整个团队中是最普通的一员。通过"早启动、晚分享、中间抓陪访"这日常管理三件事的了解之后，我发现了他身上的问题。他的客户拜访量和A、B、C类客户积累都还可以，有一定的基础，业绩始终上不去的原因是他每月都会留单。针对这种情况，我制定出了一套专属他的管理策略：帮助他冲刺金牌、冲刺双金、冲刺三金、再冲刺全国的销冠。

接下来，如何"协助他"完成金牌目标呢？最好的方法就是做好激励，从心态和能力上协助他全方位冲刺金牌。

就这样，第一个月他做到了9.8万元，离10万元的金牌还差2000元。我知道他一定留单，于是便主动提出要陪他去拜访。通过"你做我看，你说我听"，我发现那个客户的账面上真的没钱。为了帮助他完成金牌目标，我换了一种思路，先签下合同，收客户2000元定金，正好凑够金牌所需的10万元业绩。

金牌目标实现之后，他的信心暴涨，因为在此之前他从来没做到过金牌销售。我乘胜追击，继续激发他制定双金的目标，要

求他每天必须保质保量地完成"358"①，这是高业绩的基础和保障。当他把这些做到位之后，在下个月做到了18万元的业绩，接近双金。

能够完成18万元的业绩，他已经很满意了，但我却继续激励他要争取做到三金，在信心被我激发出来之后，他再接再厉，在第三个月做到了35万元。

在我担任杭州主管的最后一个月，我又帮助他签下了一个他跟了两三个月都迟迟没有签单的客户，这是一个65万元的大订单。正是因为有了这个大订单，他在当月拿到了86万元的业绩，并成为全国销售标杆。

有时候，老销售的业绩不好不是因为他们不努力，或者能力不够，而是因为他们并不知道自身存在什么问题、在哪些方面有不足，所以管理者一定要先"了解他"，找出他们身上的问题，然后再想法激发他们的自驱力。自驱力是一种精神力量，一个人要想有所进步，最终依靠的是自动自发的坚持和努力。比如，可以帮助他们先完成一个小目标，然后再激励他们完成下一个目标，在完成一个又一个目标的过程中，他们的自驱力会得到极大激发。最后还要"协助他"，拿下他想拿下但拿不下的客户，实现业绩增长。

---

① "358"制度指一天要完成3家有效客户的预约拜访、5家新客户的开发，并亲自拜访8家客户。——编者注

3. 业绩不能止步，标杆更要强中强

面对销售标杆，正如前面提到的，管理者要不断进行督促和激发。提醒他们：在你前面还有很多更厉害的人，还有很多更大的业绩等着去创造；你只是在普通销售里业绩比较优秀，在其他更厉害的销售标杆面前，你只是一名普通的销售。

作为管理者，你要不断在团队里打造新的销售标杆，提升整个团队的人效，保持业绩持续增长，这才是永远的目标。因此，无论你的团队业绩有多高，领先别人多少，都不能自我满足，而是要永远给自己和团队加满油。

2003年，从1月到12月，我的销售业绩一路高歌猛进，拿了很多冠军：6次月度全国销售冠军，6次月度销售亚军，4个季度销售总冠军。到12月底，我更是突破了历史新高，创造了全年630万元的业绩，远远超过了我之前跟领导打赌时承诺的365万元。630万元年度业绩，比当年的销售亚军整整高出240万元，每天销售1.73万元，每个工作日2.86万元。

在很多人看来，创造了如此优异的业绩，我应该可以放松一下，歇歇了。但我知道，我还有进步的空间，领导对我还有更高的期待。我始终没有忘记领导跟我说的一句话：销售标杆就是要永远不能满足，就是要永远突破极限。

一个销售的业绩能否从每个月 5 万元快速蜕变到 10 万元、30 万元、50 万元……在很大程度上取决于管理者能否做到有效帮扶、监督和管理。

相较于普通销售，销售标杆能给企业创造更多的利润，拉动更大的增长。没有业绩增长、没有利润倍增，团队和企业都无法生存和发展。因此，必须要把销售标杆的打造上升到战略层面，销售标杆的打造是企业必须要占领的战略高地。具体来说，企业的人才体系建设、组织架构、薪酬福利、激励和奖惩制度等，都需要为销售标杆的打造联动和努力。

总之，管理者的能力决定了销售标杆的数量和质量，而销售标杆的数量和质量决定了团队业绩的增长速度和天花板的高度。

通过了解新人、老人、标杆这些不同阶段的销售人员如何管理、如何培训与帮扶，我们就会更加深刻地理解人效对等的意义所在。我们不可能在短短几天之内就要求新人变成标杆那样的水准，人效的对等，更重要的是处在同一阶段的销售人员，应该具备同等的业绩水平，这个业绩水平，经过管理者的辅导加持，达到相应的高度，这才是人效对等的核心所在。

共同做大蛋糕的
团队战术

团队要同欲，首先目标和方向要一致，然后方法和步调一致，最后精神与气质一致，这是不能更替的顺序。之前曾经有人问我，企业销售管理的本质究竟是什么？其实销售管理非常简单，无非就是两件事：做正确的事和正确地做事。

管理者必须明白，做正确的事，是应该做什么，而正确地做事，是怎样做的问题。两者也是有先后逻辑次序的。

1. 如何做正确的事

（1）明确管理者定位，我们是通过别人来拿结果

销售管理者，尤其是中层以上的管理者，几乎已不再需要自己去创造业绩了，而是把主要精力放在团队成员身上，帮助他们成长。但是，销售管理者也不能把所有任务都揽到自己身上，帮助新人去完成任务，这样会对团队及自身产生不利影响。

举个例子，当年我们在考察某科技企业时，发现这家企业中

很多管理者为了提高手下销售人员的业绩，喜欢帮他们签单，而不是让销售人员自己签单。如果一个管理者在刚刚拓展市场时，为销售人员签一两个订单是可以理解的，但如果长时间帮他们签单，不但不利于手下销售人员的成长，使他们在认知层面出现问题，还会使管理者自己陷入十分痛苦的境地。所以，那时这家企业的管理者们一直在为自己的手下"救火"，却无法做好自己作为一个管理者该做的工作。

一个好的管理者要学会用人做事而不是替人做事，学会将手下的人带动起来，将精神准确地传达给手下，即便要亲自上手，也要为手下员工起到"授之以渔"的作用，让他们学到能够复制的经验。而以上例子中的企业管理者们所做的显然是在"授之以鱼"，最终不但自己劳心费力，还导致整个团队工作效率低下、业绩下降。

（2）培养人才梯队，让高水平销售管理者源源不断

想要实现高质量的销售管理，高水平的管理者不可或缺，但培养人才也是需要时间的，所以，培养人才梯队越早越好，而且还要持续下去。

阿里内部将周期性的新人培训称为百年大计，这也是支撑企业生存102年愿景的基本方略。但实际上，新人培训的费用非常高，一个人的工资加上机票、火车票、酒店住宿费、27天的早

中晚餐，每人至少需要3500元的费用。而每一期培训有七八十人，还有淘汰机制，培训成本非常高，而且这些新人还很难在当年看到成效。尽管有这么多不利因素，我们却一直都在坚持推行。

（3）管理者培训，使良将如云

新人需要培训，管理者同样也需要培训，只有这样，管理者才能承担起更重要的责任，实现更高质量的销售管理。

以上这些正确的事，对于企业的长远发展具有非凡意义，但一些企业总是为了创造短期收益而忽略这些事，我认为必须改变这种心态。在追求利益的同时，也要坚持做一些虽然困难但正确的事，这样才有可能实现企业的长远发展。

2. 如何正确地做事

如果说做正确的事是明确做事的方向，那么正确地做事就是确定做事的方式和方法。前者是道，后者是术，道术结合才能真正提升企业销售管理的水平。

阿里中供铁军曾经的总经理李琪，就是一个非常懂得如何让销售员正确做事的管理者。他提出的很多政策，都是在驱动各个销售团队去正确地做事。

举个例子，金银铜牌的佣金制度就是李琪提出的。金银铜牌，分别对应了不同业绩销售人员的提成规格。这项考核机制最大的特点在于引入了延迟满足的机制，简单来说，就是销售人员上个月是铜牌水平的业绩，即便本月达到了金牌标准，对不起，你依然只能享受铜牌的提成。换句话说，只有源源不断地创造高业绩，销售人员才能最大限度地提升自己的收入。一旦懈怠，下个月的收入就会受到影响。在这种政策指导下，销售人员就会拼命去找客户、去签单。

相对于做正确的事，正确地做事则涉及很多具体的内容。不同层级的管理者有不同的工作侧重点，也只有不同层级的管理者各司其职、人尽其责，才能确保高水平的销售管理。接下来，我会按照管理者的职位划分，逐一分析各自的职责。

（1）头部：定方向

头部管理者，也就是企业的核心管理层，他们的职责首先是确定公司发展的方向。我是谁，我来自哪里，我要走向何方……这些问题都是头部管理者需要考虑的。其次，头部管理者还要确定企业的使命、愿景、价值观，为整体的经营奠定文化基础。最后，头部管理者还要根据方向和文化制定合适的发展战略，确定之后企业要实现的销售目标。

举个例子，阿里巴巴的使命是让天下没有难做的生意，但在整体目标之下，不同的业务也有各自发展的方向，比如淘宝业务是电商方向，蚂蚁金服是安全交易方向。有了这些明确的方向之后，阿里才能根据目标实现的需要，制定出各种发展战略。

（2）腰部：确定战术

头部制定了方向和战略，腰部自然要根据战略的指示确定战术打法，也就是怎么去实现这个战略目标。具体来说，就是明确怎么实现团队合作、怎么实现奖惩激励、怎么做人才培养等实际工作的方法。必要的时候，甚至要精细到早上干什么，白天干什么，晚上干什么，以及每一天干什么，每一周干什么，每个月干什么。总的来说，腰部的职责就是上传下达，将粗略的战略目标转化为实际可操作的流程，然后再传达给具体的执行团队。

（3）腿部：具体执行

有了腰部转化而来的具体战术，腿部管理者的主要职责就是将这些具体工作落到实处。通过"早启动、晚分享、中间抓陪访"，去提高新人留存率，促进老销售的蜕变，实现对销售人员的激发。

当然，很多中小企业是不具备头部、腰部、腿部的完整组织架构的。在这种情况下，就又涉及另外一个区分管理者职能的方式——角色定位。

3. 角色定位

在企业中，管理者主要承担两种不同的角色：领导者和管理者。两者虽然职责不同，但并没有孰轻孰重之分。

（1）领导者：文化统一，感性关怀

领导者的职责，首先是统一大家的思想。一个团队中的成员可能来自五湖四海，有着不同的信仰，不同的背景，不同的文化，不同的教育经历，不同的生长环境。这样的一群人凑在一起，如果没有统一的思想作为引导，团队很容易四分五裂。而能够让他们统一思想的，非企业文化莫属。

我们当年进入阿里时，在新人培训的第一堂课，主管就告诉我们阿里的使命是让天下没有难做的生意，同时也告诉我们客户第一的核心价值观。刚刚进入企业的新人，无论之前有没有销售经历，懂不懂得尊重客户的道理，在这种统一文化的引导下，都会不由自主地向着企业规定的方向去改变自己的认知。

其次，领导者要负责带动和感染整个团队，增强大家的幸福感，从而实现上下同欲，齐心协力。对于一个销售团队来说，只有目标一致，三军用命，劲往一处使，才能最大限度地激发潜能，创造更大的价值。

阿里当年为了能使基层销售人员感受到来自企业的关怀，采取了很多措施，比如对员工的伤残子女给予最高 20 万元的补助，对家乡受灾的员工提供 5 万元的无偿补助金，在销售冠军表彰大会上，让销售冠军与家人通话，提高他们的荣誉感与自豪感，等等，以此增强他们对公司的归属感。

（2）管理者：制定战略、监督与约束

领导者的工作，更多的是要为销售人员提供精神上的引导，不让员工从一开始就在认知层面跑偏。而管理者要做的事往往比领导者更具体，也更复杂。比如，我们的销售策略是什么？团队如何招募？培训如何进行？人才如何培养？等等，这些都是管理者要考虑的问题。

如果一定要对管理者的工作加以界定的话，那么管理者首先要做的就是制定战略，确定各个环节的工作由哪些专业人员负责，然后监督整个战略的执行，并对一些偏离主航道的行为进行约束。

当然，不管是用组织架构来区分，还是从角色定位来分类，在此之前，管理者都要先明确自己的身份定位，这样才能找到自己的职责所在，更好地完成销售管理工作。同理，如果你是企业的高层管理者，也要掌握根据岗位职能选择合适人才的能力。

比如，当年阿里在开拓东莞市场时是派我去的。当时，东莞市场已经做"跑"了两任销售主管，是一块难啃的硬骨头。而我已经在其他市场上凭借拼命三郎的销售作风拿下了 11 次销售

冠军，领导知道，我这种敢打敢拼的性格有可能啃下东莞这块硬骨头。

但同时，公司领导也知道我的性格缺陷，于是给我匹配了一个比较有容人之量的政委。我们俩性格互补，搭档的效果也不错。我冲锋在前，她负责善后，双人合作，最终打造出了一支优秀的团队。

说到底，做正确的事，就是让正确的人在正确的位置上发挥正确的价值。这件事并不是难在方法和策略，因为有很多走在我们前面的企业可以提供经验指导；相反，难点是在自我认知上，如果我们不能准确定位自己的角色，就很难有针对性地实施具体方法。

第四章
用战术拿下业绩

方法的辅导，展现的是管理者的战术能力。其关键在于把经过大量实践总结出的方法，变成思维框架和规定动作，传授给销售人员并加以有效利用。这是打硬仗、拿结果的唯一途径。

客户开发：
精准挖掘并跟进沟通

相信绝大多数销售人员都曾有过类似的遭遇：见到客户，恭敬礼貌地自报家门，但话音未落，对方就表现出了不耐烦的态度，并很快会开门送客。这时候要怎么办呢？

很多人可能会想到励志书和鸡汤文里写到的，面对挫折要百折不挠，总有一天会感动客户。但我要告诉你的是：很多事情可以励志，但不能复制。真实的情况是，如果你不了解客户真正的需要，那么越坚持，不要说感动客户了，还有可能把客户推得更远。

为了避免让客户反感，有的管理者就会告诉新人，客户只要一拒绝，千万不能坚持，留下名片默默退出来，等客户有需求了会来联系的。这种做法看上去很合理，但过后会发现，绝大多数客户都会从此杳无音信。

死缠烂打不行，被动等待也不行，到底该怎么办呢？可以试一试下面的方法。

首先，管理者要告诉销售新人的是，当客户提及不需要我们的产品时，并不意味着真的被客户拒绝了。这时候，要求销售人员要像侦察兵一样，能发现客户的话语、动作、表情上不经意间展现出来的细节，并据此发掘出他们的需求。

《士兵突击》里有一个非常经典的桥段，在关键的军事演习中，许三多在身负重伤的情况下，发现了敌方布置在目标舰艇上的阵地雷达。许三多的队友就这样在毫不知情的情况下陷入对手的监视和埋伏之中，发现情况之后许三多立即向队长发出警报。队长在危急时刻当即选择暴露自己，给其余两名队友创造机会，同时在自己"被俘"后，没有向对手透露许三多尚在战场之中的信息，而是向对手散播他已经负伤脱离小队的诱导信息。

正是得益于队长对局势敏锐判断做出的决策，才协助许三多成了这次行动中的奇兵。最终他在队友的掩护和配合下完成了引爆任务，取得了胜利。

侦察兵的意义和作用是什么？就是要敏锐观察和捕捉瞬息万变的战场上每一个有用的信息，为己所用，而且在面对困难和险境的时候，要快速利用这些信息做出决策与反应，最终引领自己走向胜利。

对于客户而言，销售人员也要做侦察兵，要捕捉的是客户的诉求。捕捉到之后，要迅速研判形势，探索思路，进而形成办法。

所以，如果深入思考就会发现，很多时候客户说不需要我们的产品，其实并不是真的在拒绝，而是有其他内在的原因，主要分为两种情况：第一，客户有需求，但不想告诉你；第二，客户并不知道自己有需求。面对这两种情况，各自有不同的解决路径。

1. 客户有需求但不告诉你

客户有这种心态很好理解，面对主动上门推销的人，人会天然地进行防备。他们大多会说"我先了解一下"，或者"我抽空问问"。因为他们知道，这时候表现出来的迫切感越弱，越能掌握主动权。

除了想占据主动，还有的客户是怕麻烦，怕担风险。比如，向一个企业的采购员推销产品，就算他知道现在正在用的产品没有你的好，也没有你的价格实惠，但也不愿意接纳你的产品。原因很可能是他的级别比较低，没权力拍板，或者正在用的产品是他的上级确定的，他担心擅自更换无法交代。当然还有一种可能就是，目前的产品勉强能用，他不愿意再去花时间和精力去了解和试用一个新产品，万一效果不好，他会因此担责。

客户不想轻易表露需求，这是常态，也是所有销售人员必须面对的一个现实问题。所以，想要成功开发客户，必须首先发掘他们的需求，知己知彼才能百战不殆。下面我给大家分享一个木材加工行业的案例。

2011年，一个润滑油销售员向一个做木材加工的大客户推销机械润滑油，大客户的反应是："不需要，我们现在用得挺好，不用换。"

这个销售员没有继续纠缠客户，告辞离开了。在这个行业做久了，会认识很多同类企业，接下来，他找到了这个客户的一个同行，准备从侧面了解一下大客户的信息。其中一个老客户刚好跟这个企业打过交道，他向销售员透露，这个企业上个月发生了一次严重的宕机事故，整个生产线停产了一个星期，最近才逐步恢复生产。停产期间每天损失的订单交付额高达百万元，损失惨重。

了解到这个信息后，销售员立刻回到公司，跟技术人员做了一番研讨，分析大客户上次宕机可能的原因。

经过研究他们发现，对方使用的机器是一款高温设备，它所使用的润滑油必须具备一个特点，那就是能耐高温。如果选了不具备耐高温特性的润滑油，刚开始用的时候可能没什么问题，但时间一久，就会造成机器能耗上升，甚至卡壳、宕机。一圈分析下来，大家一致认为，那次宕机故障，很可能是润滑油的问题。

有了这个结论，小伙子充满了信心。他带着一份事故分析报告，再次找到了那个大客户。他问大客户用的是哪个品牌的润滑油，对方不想说，他没有在意，继续阐述自己的观点："贵公司的这款机器，在润滑油的选择上，对耐高温的特性要求是很高的。所以，如果发生卡壳、宕机之类的情况，很可能跟润滑油有关。"然后他又把过去所积累的行业经验和专业知识都分享给了客户。

听到他专业的讲解和分析，客户对他渐渐放松了心理防线，开始主动与他探讨一些技术话题。当然，最后的结果是，这家企业被这个销售员发展成了长期客户。

这里我要替管理者们额外嘱咐销售新人们几句，当客户对你没有建立信任的时候，千万不要急于说你的产品的优势。正确的做法是，从行业的视角，用分享的姿态，让对方感受到你的专业性。当对方感觉到你是这一行的专家，自然会跟你打开话匣子。

所以，当客户说"我不需要"的时候，要先退出来，然后横向寻找解决办法。不要执着于说服客户本身，而是要做足功课，找出客户的痛点，并带上你的解决方案去跟客户谈。

2. 客户不知道自己有需求（或者客户根本没有需求）

针对上面的案例，有人可能认为，说到底客户本身是有需求的，销售人员要做的不过是想办法取代他过去的产品。但在现实的销售中，有一种客户不是偷懒，也不是怕担风险，而是他真的不需要，向他推销就像是非要把梳子卖给寺庙一样。

那么面对这样的客户是不是一点办法也没有了呢？当然不是。这就要说到销售策略里比较高级的一种了，那就是：客户本来没有需求，你去帮他创造一个需求。

有一个销售员供职于一家新能源装备制造企业，销售的是一款太阳能电站的核心组件产品。这款产品的技术含量非常高，能达到生产标准的企业全球不过五六家。当时这个销售员所在的企业刚刚起步，在海外没名气、没市场，目标客户几乎都是从同一家欧洲公司购买产品，这家公司至少占了全球80%的市场份额，铜墙铁壁，很难攻克。

有一次，这个销售员找到了一家客户——某电站建设的承包商。这个单子特别大，如果能谈成，成交金额将超过亿元。但是，由于客户一直在跟那家欧洲公司合作，对方的产品质量和价值都没什么问题，所以明确表示不会换合作商。

关于这一点销售员已经想到了，所以他已经事先想好了预案。于是他不再继续推荐产品，而是争取了一些时间，从行业的角度给客户做了一场汇报。他帮客户分析说，项目这么大，如果长期锁定一个独家供应商，不管对方多有实力，未来也很有可能会承担巨大风险。比如，对方在行业内一家独大，如果有一天恶意涨价，大概率只能咬牙承受。再比如，万一产品质量出了问题，再换其他品牌，开模、定制、设备改造，前后至少要耽误3个月工期。对于大型能源项目来说，延期一天交付都要罚款，如果延期3个月，后果不堪设想……

听了他的分析，客户觉得很有道理，于是对他接下来要说的内容表现得很期待。

其实，从策略上来说，销售员是在给客户制造"焦虑"。但是这些焦虑并不是凭空捏造出来的，而是大概率会发生的，他只是帮助客户提前预知了一下而已。

说出了问题，自然要给出解决方案。接下来，这个销售员开始向客户讲述自己针对这个问题所能想到的解决方法。他对客户说，自己所在的企业可以单独拿出一条生产线，完全按照客户的产品规格进行相应的改造，然后这条线只生产这个客户一家需要的产品。这样就等于给客户找好了一条遇到风险时的退路，如果客户有需要，产品随时会供应上，让客户获得更多的安全感。然后，销售员又锚定了一个关键原材料的国际行情，对他们的产品的报价进行了调整，并承诺把这个计算公式写进合约里，这样就等于让客户消除了会被恶意涨价的担心。

经过几轮磨合，这个方案最终打动了客户，交易达成。

这就是销售的最高阶，你要站在客户的角度，替他做一些战略规划，或者做一些提前布局，创造出一个客户从来都没有想过的需求。

很多销售员每天忙得焦头烂额，到头来却没开发出几个客户。造成这样的结果，主要还是因为管理人员没有教会他们如何精准挖掘客户需求，如何掌握客户沟通技巧。管理者要让销售员明白，客户开发在很大程度上决定着他今后的目标与方向，正如"跑马圈地"一样，如果你圈出来的是一块贫瘠的土地，那么上面永远不会结出果实。

巧妙预约：
让客户顺理成章接受拜访

为了帮助销售员提升业绩，更有效地拿到结果，我专门建立了一个驿知行行业社群，群里的人大多是我的学员和服务过的客户，我们经常在群里畅谈彼此关于销售的看法和意见，也有不少人会在群里向我提问。

在跟他们沟通的过程中，我多次听到这样的问题："贺老师，我每次在和客户电话沟通时，都能和客户打成一片，效果挺好的，但是想要进一步约客户拜访时，就不知道该如何是好，有没有什么好的方法可以借鉴？"

在销售行业中，拜访客户是每一个销售员最基础、最日常的工作之一。无论是客户开发、新品推广，还是销售谈判、客情维护，都需要建立在拜访客户的基础之上。正所谓"拜访质量定江山"，一场高效的客户拜访，既能节约时间成本，又能为签单成功、拿到结果奠定基础。

既然客户拜访如此重要，那么如何才能让客户愿意接受销售员的拜访呢？这就涉及预约客户拜访这个重要的销售动作。这并不是件简单的事情，每个客户的时间都极为宝贵，接受你的拜访，就意味着他心甘情愿地为你推掉其他事情，这势必会影响他的正常工作和生活。

当销售员为客户拒绝自己的预约而大伤脑筋时，你是否想过为了免遭拒绝，应当尽可能地做好准备？预约绝不是心血来潮的一个电话或者微信，你或许无法立即说服客户接受拜访，但你永远可以做到比客户更有准备。

1. 选择合适的预约方式

和客户沟通的方法有许多种，不同的方式会产生不同的沟通效果。电话沟通通常用于比较重要且紧急的事情，微信和QQ则多用于日常沟通，电子邮件用于传递基本的销售资料，快递则主要用于给客户寄送礼物。

在这些沟通方法中，我个人建议用电话和微信预约客户拜访，这也是最经济、最方便也最有效的预约方法。用电话或微信预约的优点有很多：第一，可以直接与客户约定见面时间；第二，拜访之前先通过电话或微信联系一下，以免客户因临时有事不能接见而扑空；第三，用电话或微信预约，可以让客户不受上班时间的限制，增加了预约客户拜访的成功率。

2. 把握最佳的预约时机

每个客户都有自己的时间表，什么时间最适合做什么事情，有着潜在的规律。根据多年的销售经验，我总结了预约客户的两个最佳时间段，和大家分享。

一是上午 11 点半到下午 1 点。

这个时间段涵盖了客户吃午饭及饭后的一小段休息时间，避开了客户最为忙碌的工作时间。在此时间段内的客户，通常会比较清闲，思维也会较为清晰、敏捷，选择在这个时间段内预约，可以有效提升成功拜访的可能性。

二是晚上 8 点到 9 点。

优秀的客户，通常都会吃完晚饭之后，对一天的工作进行思考和总结，也就是复盘，这个时间段也是预约客户的最佳时机之一。一方面，客户能静下心来和销售员沟通；另一方面，客户也有时间对销售员的话进行理性判断和分析。

不难发现，我推荐的这两个预约时机，都避开了客户的上班时间，这是预约成功的一大秘诀。客户在上班时，头脑往往会高度紧张，此时预约极易让客户产生反感——正经事都忙不过来呢，谁有空听你闲聊啊？

3. 设计预约的兴趣点

预约客户拜访的目的，是引起客户和你面谈的兴趣，绝不是滔滔不绝地介绍自己公司的产品。要知道，电话或者微信的陈述效果，远远赶不上面谈。而且，第一次和客户沟通就滔滔不绝，很可能会让客户以为自己已经听明白你要说的内容，不需要再多此一举与你面谈，有些客户甚至会因此产生反感，而拒绝和你面谈。

我建议大家在预约客户拜访时，要事先设计一个预约的兴趣点，通俗来说，就是要设计一个拜访的理由。如果拜访理由设计得较为合适，就能够让客户产生和你见面的兴趣，预约也就成功了一半。

很多销售员都会这样进行预约拜访："某总，今天下午您在公司吗？我正好路过您那边，想来拜访一下您。"或者："某总，最近忙吗？不忙的话，我们见一见呗。"

这样的话听起来似乎没毛病，但实际上并没有表明我们拜访的目的，对客户而言没有任何吸引力。他们会想，你见我干什么，不就是想让我买你的产品吗？这会让客户产生抗拒心理，毫不犹豫地拒绝见面。

销售高手们在预约客户的时候就不会犯这样的错误，他们通常会说："某总，上次和您在电话里聊完之后，我受益匪浅！尤其是您对国际贸易形势的透彻分析，真是给我上了一课。我消化了大半天，其中还有几点不太明白，我今天正好路过您这儿，想再向您讨教、学习一下，您看可以吗？我现在就在您公司楼下。"

这样的预约，拜访目的十分明确：向客户讨教学习，实际上就是和客户谈签单的事情。当客户听到这样的预约之后，就会对销售员的拜访产生兴趣，因为你提到了他也很感兴趣甚至引以为豪的事情。与此同时，销售员还特意强调了就在公司楼下，客户更不好意思拒绝了。

这样的预约中，其实还隐藏着一个小技巧。销售员强调的是请教、学习、探讨和分享，说明你在此前和客户的沟通之后，还感觉意犹未尽，想就这个话题继续探讨，或者你有一个对客户而言可能产生较大好处的点，想和客户分享。

每个人在自己感兴趣的领域，都有分享的欲望和动机，也愿意向与自己有同样爱好的人学习，这是人性。请记住，**销售千万不能和人性对着干，否则客户就会和你对着干。**

4. 想好你要说的每一句话

在拨通预约电话或者发出预约微信之前，销售员一定要事先准备好预约的说辞，尽力使其清晰、简洁、一环扣一环，令人印象深刻。与此同时，你还应该准备好对付各种人、各种拒绝的方案，并和同事们讨论这些方案，将这些方案烂熟于心。

这些方案通常应包括对以下问题的应答：如果客户说没时间怎么办？如果客户说不感兴趣怎么办？如果客户装作没看到微信怎么办？凡此种种，都是销售员在预约客户面谈时经常会遭遇的各种拒绝情况，销售员应该对这些常见的拒绝，做好充分的精神准备和应答准备，绝不打无准备之战。

在预约之前，销售员最好能将带有日历的记事本、笔、简要介绍自己公司的说辞、对付客户各种异议的方案放在自己面前，以便随时参考。比如，当客户用没有时间来推脱拜访时，你只要看一眼自己日历上的记录，就可以立即提供其他可供选择的约见时间。

另外，我不建议销售员使用过于开放的方法来预约客户。比如，"您看什么时候方便，我们面谈一次？"这种方法很容易让客户直接拒绝你的拜访。你不妨试着采用选择性的方法，比如"您看我们是星期二还是星期三见面谈谈"，这样更容易获得拜访的机会。

说到底，销售其实就是一场数字游戏。区别只在于经验多、技巧好的销售员，成功率会较高一些，而经验少、技巧差的销售员的成功率会低一些。被拒绝没什么可怕的，你预约100个客户都被拒绝了，只能说明你离成功越来越近了。反过来，你预约了10个客户都成功了，说不定接下来你就要吃闭门羹了。请记住，**成功预约客户拜访的关键**，还在于你必须不断地进行客户预约。没有数量，成功率再高也只是空谈。

有效拜访：
成为掌控全场的行业专家

拜访次数是销售业绩的一个基础，但最终起关键作用的是拜访质量，即你的拜访是有效还是无效。对于销售新人来说，有效拜访是一项必须学习和掌握的技能。而有效拜访如何实现可控，核心关键词是：控场。

如果你喜欢围棋，就一定知道韩国天才棋手李昌镐。李昌镐的棋风有着与其年龄极不相符的老辣与成熟，而他最为人津津乐道的，就是在行棋过程中对整个局势的把控。李昌镐在下棋时的控场能力几乎让所有对手都感受到过绝望和无能为力，他行棋绵密老成，计算精准无比，官子功夫极佳。在全盛时期，他凭借卓越的全局驾驭能力和天下第一的官子功夫，横扫中日韩三国的顶级高手。与他同时代较量的顶级高手，对他的评价无不充溢着敬佩和赞美，他善于"兵不血刃，不战屈人"，只要对手稍有失误，便会遭到致命一击。

这就是控场的魅力，它让事态的主动权始终牢牢掌握在自己的手里。

作为促成销售拿结果的关键要素，管理者必须将有效拜访的知识和技巧传授给新人。在我看来，在销售的所有环节中做到掌控全场，有六个要点值得关注。

1. 表明来意

销售新人从入职的第一周开始，拜访就要正式开始了，其中尤以线下拜访最为重要，因为这是双方真实关系的开始。能不能控好场，能否表明来意是重要的第一步。

比如，第一次线下拜访，只有5分钟的时间，但是要给客户介绍一款特别复杂的产品，这时候销售新人应该怎么办？

既然只有5分钟，那就不要做详细的产品介绍，即使仓促讲完了也不一定会引起客户的兴趣。5分钟可以这样安排：2分钟的产品展示和特别优势介绍，勾起客户兴趣；2分钟用来构建自己和客户的关系；最后1分钟锁定下一次见面时间。

要注意，表明来意是打响销售战斗的第一枪，一定不要拖泥带水，不要有任何含糊或模棱两可。

2. 控场提问

依靠提问来控场是我一直倡导和奉行的，在销售实践中也获得了很多成效。当然,这里所说的提问更多时候是反问。我们来想象一下这样的场景:在销售员给客户做项目介绍的时候,客户当场提出了一些质疑,这时候要怎么办?

你要明白,提出质疑的客户才是真正的客户,说明他很可能已经在思考购买的问题了。接下来,就需要我们的控场本领发挥作用了。

(1)面对可以直接回答的问题

有时候,客户提出的一些质疑或问题,如果销售员能够直接回答,可以采用三层逻辑来回答。也就是说,把你的回答分成三个小点,这样逻辑层次更清晰,也更有条理。

当然,在回答问题之前,如果能够再做一个"小动作",就可以让客户更满意,那就是恰当的反问。

> 比如,当客户提出问题或质疑后,认真听完,接下来用自己的语言简要复述一下,然后反问客户你理解得对不对。比如:"您更看重的是产品的后期交付问题,对这一点有一定的担心,是这样吗?"

在运用这个方法的时候,一定要记住,用自己的语言重新组织客户提出的问题,而不是完全复述他的话。如果你能够精准地把握对方要表达的意思,而且用自己的理解转述出来,会让对方感受到被尊重,而且也会认可你的职业态度,进而降低对你的戒备,也能留给你一些思考的时间。

（2）面对无法直接回答的问题

当然，有时候客户提出的问题或质疑是销售新人无法回答的，这时候必须表现出诚实的态度并主动结束话题，但是，仍然不要忘了在此时继续控场提问。

> 比如，你可以坦诚地告诉客户："抱歉，我暂时回答不了您的问题，但是我们可以在这次会面后就这个问题再次进行私下交流，您看是否合适？"

这样的做法会让客户感受到你没有浪费他的时间，也减少了许多质疑和麻烦。当然，管理者一定要告诉销售新人，如果遇到这样的情况，一定要在拜访过后第一时间去请教团队内部的专家来解决客户提出的问题，并督促他们尽快给客户做出回复。念念不忘，必有回响，这是控场提问方面管理者最该告诉新人们的事。

3. 客户诉求

客户诉求分为功能诉求和情感诉求，任何产品和服务所满足的客户诉求都不会脱离这两个方面，只不过对于不同的产品和服务，诉求的比重各不相同。一般来说，针对工业品的功能性诉求更大一些，而越贴近消费者的产品，情感诉求比重越大。

在这个层面，销售员要懂得的一个重要的观点是，诉求其实是可以量化的。

> 电影《霸王别姬》里有这样一句台词："他是人，就得听戏，不听戏的，他就不是人，什么猪啊狗啊，它就不听戏。"

我们来引申一下，人喜欢听音乐，这个诉求不会变。当然，这里面所说的音乐包括很多类别，比如歌曲、戏曲、纯音乐等等。但是在喜欢听音乐这个大诉求下，分解出来的那些小的分支的诉求是可以量化的。比如，有人只会用最低的成本来听音乐，有人则愿意多花一些钱来享受更高品质的音乐，等等。

这一点放到销售行业当中同样适用。比如在购买汽车的时候，中年男性大多会选择实用、机械性能好的车，而年轻女性则多半倾向于颜色、品牌象征意义等情感诉求上的内容。

这是诉求的基本逻辑，在做销售之前必须先搞懂。

在这个基本逻辑之下，就要求销售管理者在制定销售策略的时候，做到知己知彼，并将这一策略详细讲解给销售新人。知彼就是了解客户诉求、现有竞争对手状况和自身能够满足客户诉求的程度；知己就是了解自己销售团队的核心能力，并懂得如何持续地改进和创新，比竞争对手领先一步地去满足客户的诉求。

4. 行业专家

我在购买一种产品或服务的时候，如果销售员看上去是个外行，我想多半我不会选择他的产品或服务。就像我一直强调的，销售行业虽然门槛低，但是深入研究下去，它的难度并不低。当然，这是在一个销售新人成为行业专家之前的情况。如果你成了行业专家，自然就很容易做到控场。

那么，要怎样成为销售专家，或者至少像销售专家那样去拜访呢？基本上要做好以下几件事。

第一，提前了解客户关注点，有针对性地准备介绍资料。

准备介绍资料，要把客户可能更关切的内容放在最前面。也就是说，比起自身利益，应该更关注客户利益是否能优先得到满足。

第二，通过专业形象提升可靠度。

个人形象直接影响客户对你第一印象的建立，因此第一次拜访一定要穿得正式，正式着装是重视程度和专业程度的双重体现。

第三，通过讲故事证明资质能力。

与其滔滔不绝地讲自己有多厉害、有多少荣誉证书，不如就前期了解到的客户需求，有针对性地讲好几个得当的故事。

第四，用同行案例提升亲近度。

针对拜访客户的实际情况以及需求痛点，尽可能讲相关的实践案例。比如，你拜访的是地产客户，那就用其他地产公司的合作案例，而不要用保险行业的案例，即使保险客户可能更有名气。

第五，通过拜访反馈强化自己的可靠度。

可靠，通俗地说，就是凡事有交代，件件有着落，事事有回音。这不仅仅是为了推动下一步合作，更重要的是加深客户对你可靠度的印象。

5. 反对意见

面对质疑和诉求，可以用专业知识和控场来解决，如果客户提出的是反对意见，可以用控场来解决吗？答案是肯定的。我以前遇到过一个客户，不管我说什么，他的第一反应总是："你说得不对，我不同意你的观点。"想要拿下这样的客户，该怎么办呢？

销售管理者要切记一点，对提出反驳意见的客户的接受程度越高，你的销售团队的竞争对手就越少。所以，首先不要反感或抵触这类客户，你很可能会在他这里得到惊喜；其次，放平心态，积极配合他的反驳，让他感觉自己的反驳对你是有效的，此时他的内心会有成就感。

那么具体我们要如何控场呢？这时候需要做的是以逸待劳，等客户的表达欲望充分得到满足后，我们再通过一些话术把拜访和会谈拉回到主题之中。比如可以答复他："您所指出的问题，正是我们下一阶段要调整的重点，现在，我们很想得到您的具体指导。"快速拿到对方的指导方案，其实等于已经让对方接受你了。

6. 解决方案

在拜访的过程中，面对一些较为复杂的产品或服务，大多数客户关注的都是"重点解决的问题""定制化服务"这些内容，这就要求销售员在面对客户提出问题和诉求时，具备提供解决方案的能力。

大多数情况下，在方案的提交阶段，还没有到提交采购申请那一步，这时候建议你先给客户提供一些行业动态、技术发展、学术前沿类的信息。因为这时候，大多数客户对市场的现状还只是有些小小的不满，不一定到了非改不可的地步。所以你的方案是有目的的，那就是要放大他的不满，让客户觉得有必要迅速赶上技术发展的潮流。然后，你还可以进一步在方案中补充一些"成功案例"，让客户进一步看到你的产品或服务的价值。

另外，在方案中，建议把常见的客户按照行业、规模进行归类，列举客户的真实业务问题，并详细描述解决方案、项目收益和客户的反馈。

还有一点值得注意，那就是在给客户的方案中，一定不要有自己与竞品的优劣势对比。只说自己的好处就好，不要说别人的缺陷，让客户自己去体会。否则你的产品优劣对比，很可能会传到竞争对手的手上，很快对方就能在你的基础上迭代出一版新的优劣势对比，进而影响你在客户心目中的可信度。

很多销售团队为了有效提升业绩，会把侧重点放在团队资源、产品增值服务，甚至人员招聘上。在我看来，这些办法都不如改进销售员拜访行为的效果来得立竿见影，销售员能不能在拜访中牢牢掌握谈判的控制权，决定着拜访的有效性，而有效拜访会让结果来得更顺利、更高效、更符合团队的销售目标。

报价：
弄懂客户的预算和标准

在销售过程中，很多销售员总想着以尽可能高的价格和客户成交，这一点无可厚非。报价高了，公司的利润就高了，给到自己的提成也会水涨船高，一举两得。然而，在没有充分了解客户的采购标准和采购预算的情况下，销售员过早或轻易地报价，往往会使自己成为比价的对象，让自己失去竞争机会和成交的最佳谈判时机。

曾有一位销售朋友向我求助，他是做软件销售的，有个客户想要升级自己公司的软件。由于当时他和客户并不熟络，而客户（决策人）以预算不足为由，要求这位销售员给出低价。因为他求单心切，于是答应会尽力为客户申请一个超低价格。

然而，当我的这位销售朋友与客户熟悉之后却发现，其实客户的预算很充足，只要他稍微调整一下报价，表明自己的诚意就行。对此情况，他叫苦不迭，然而客户却认为，之前他已经做出了承诺，就应当按照此超低价格执行，否则就取消此次升级计划。

我这位销售朋友的问题，就在于没有充分重视"报价"阶段，这也是很多销售员的误区之一。一直以来，报价就是销售工作中极其重要的组成部分，交易双方对价格的争夺，往往决定了销售能否拿到好的结果。尽管这个环节在整个销售流程中，操作相对简单，但"栽"在这个阶段的销售员却比比皆是。

事实上，销售是一个交易双方沟通的过程，客户在不同的阶段会产生不同的需求。很多小金额产品的客户在需求产生时，就会立刻想要了解产品价格，以便为自己的需求做预算。此时的询价，往往无法直接产生交易，因为客户还没进行偏好、购买定位、兴趣、产品比较等购买前的考量。如果销售员的报价太高，可能会直接吓跑客户；但如果报价低了，客户又会认为你的产品品质不靠谱，在进行竞品比较时，就会直接淘汰掉你的产品。

因此，在针对客户询价时，一名成熟的销售员需要清楚地知道什么时候该报价，该如何报价，报多少价。一般而言，在报价的过程中，销售员可以采取以下报价策略。

1. 切片报价法：分项利润叠加

先来思考一个问题：为什么黄金饰品总是以"克"为单位去销售？在 2022 年 6 月，黄金价格是 400 元左右，一般的客户心里会想："400 元买一克黄金并不算贵，毕竟黄金是可以保值的贵金属。"

但如果将商品报价的单位从"克"换成"千克"呢？1千克黄金是40万元左右。40万元在大多数人的生活中，都属于一个比较大的数字，很多消费者在听到这个数字后的第一反应就是"太贵了，我考虑考虑"。

同样，如果你销售的是金额巨大的大型设备或服务，也可以进行详细的切片报价。将设备进行分解，对分解后的设备部件进行分项报价。这种做法，一方面会显得销售员做事认真，不欺骗客户，容易提升客户对销售员的信任感；另一方面，通过对单项部件价格的对比，客户也会比较容易接受销售员的报价。

比如，在销售真空泵时，如果你将设备切片为电机、泵体、油水分离器、阀门等零部件，然后对此分项报价，客户一般都会在市场上进行调查询价。经过价格比对之后，即使你切片后的报价比客户在市场上询得的价格稍微高一些，客户也相对容易接受。

要知道，客户买的可不是你的某一零部件，而是整台大型设备，在计算利润时可是所有零部件利润的总和。即便每个零部件的利润较低，加在一起也是一个可观的数字。

2. 比较报价法：高低差异凸显品质

比较报价法，其实就是将销售员售卖的产品，与另一种价格高的产品（比如进口产品、市场公认第一的名牌等）进行比较。两相对比，你的产品就会显得价格较为便宜。另外，如果把你的产品和进口产品或者市场第一的产品放在一起进行比较，也不会显得你的产品质量比对方差。

比如，卖手机配件的小贩，他们总是把同类部件分成几堆。然后告诉客户，如果你想买品质好一些的，那么价格就要高一些；如果你想省点钱呢，那就买质量稍微差一些的，由自己选择要什么品质、什么价位的产品。

3. 可选方案报价法：区间差异化垄断

在实际销售工作中，根据客户采购需求中有无可选方案及明确要求，销售员可因地制宜，做出不同的方案和不同的报价，即在原定方案之外再做一个备用方案。

这样一来，你就可以给客户提供两个不同的价格，价格覆盖面更为广泛，让自己的产品价格能够更大程度地契合客户的心理价位。不仅如此，多一套方案也显得销售员为客户考虑得更周全，提升客户对销售员的信任程度。

比如，同一款 iPhone13 手机，就以内存的不同，分为 128G、256G、512G 三个价格方案；又以配置的不同，分为普通版、mini 版、Pro 版和 Pro Max 版，以此来俘获尽可能多的目标客户人群。

4. 不平衡报价法：增强客户信任

在所报总价不变的情况下，销售员还可以有选择地将产品常规、通用的零部件报一个低价，而抬高那些特殊结构、特殊工艺、专利产品等不具备价格可比性的零部件的价格。这种报价方法，将客户能做市场询价的常规产品放在了一个低价合理的位置，从而让客户产生价廉物美的直接感受，让客户觉得销售员的报价不虚高，从而赢得客户。

在销售实战中，不平衡报价法是销售明星最常使用的报价方法，它需要销售员对产品性能、技术、工艺、生产以及同行产品品质、价位等都非常熟悉，让客户觉得销售员是在以公正的态度进行产品报价。

在运用这种报价方法时，销售员的言行千万不能浮夸，甚至数据造假。客户一旦在市场调查后发现，事实和销售员的介绍有出入，将会导致客户对销售员的严重不信任，销售员很可能会就此失去拿到结果的机会。

5. 意外降价法：价低质更高

在客户的购买心理中，"感觉占了便宜"是一个极其重要的成交因素。绝大多数客户都愿意购买自己认为物美价廉的产品。请注意，我说的物美价廉，指的是客户认知。由于客户对产品技术层面的认知往往十分有限，他们只能从产品的宣传上判定其是否物美价廉。

比如，某客户一直认为宝马汽车是一款高价值的车，价格也应该非常昂贵。在这种认知前提之下，一旦宝马汽车打折，降到和同配置的其他品牌车价格一样时，这个客户就会认为是"占了大便宜"，从而坚定自己的购买意愿。

在拜访客户时，很多销售员会向客户宣传、塑造自己的产品是市场的"领导者"。他们总是试图在客户的心中树立品牌的知名度和美誉度，试图对客户进行"既然质量优异，那价格也应该高昂"的心理暗示。这种做法并没有错，但在实际成交的过程中，销售员的报价仍应该根据情况，针对客户的预算适当下浮，给客户一种"占便宜"的感觉，从而刺激客户的购买欲望，让你更快更好地拿到结果。

这种报价方法除了刺激成交之外，还可以有效防范竞争对手的价格试探。此前的报价可以迷惑那些和客户关系较好，且能从客户那里打探出我方报价的竞争对手，让他们做出错误的判断和报价。这时你再将价格下调，更容易赢得那些已有固定合作伙伴的客户。

6. 生日蛋糕报价法：附加搭配为产品增值

很多人都有这样的经历：在购买生日蛋糕时，拆开包装一看，发现除了蛋糕，还有蜡烛、生日卡片、刀叉等配套产品。你购买的虽然只是生日蛋糕，但商家提供给你的，却是一整套庆祝生日的解决方案。这种销售技巧被称为"捆绑式销售"，而将其运用到报价环节，就是"生日蛋糕报价法"。

网店店主和直播带货的主播，会经常用到这种报价方法。他们几乎每卖出一件商品，就会为其搭配若干小礼品，以此吸引买家下单，并给其留下好评。

在工业品销售领域，也有很多销售高手会将免费的运输、保险和售后维修服务等配套措施，作为赠送给客户的优惠搭配。这样一来，总价不变，客户也能够不再为这些小事烦忧，一举多得。

需要注意的是，任何报价技巧的运用，都有自己的应用范围。在报价前，销售员一定要分析客户的现状，了解客户的采购进度，切忌不做充分的调查和交流就草率报价。这不仅对你拿到结果毫无助益，甚至还有可能影响客户对你的信任，进而拒绝你的产品。

逼单：
临门一脚拿结果

为了不让之前大量的努力付之东流，销售人员就必须具备拿结果时临门一脚的能力。对此我是这样形容的：一单销售的成交非常像足球场上的一次射门得分，销售员之前所做的种种努力就是组织进攻的各种配合，而所有的配合都是为了完成一次能够得分的射门。

如果在射门的时候打高了、打偏了，或者打在立柱上，都不得分，也说明之前所做的组织配合全部没有转化成结果。所以，怎么射门非常重要，要么势大力沉，要么角度刁钻，要么晃过守门员推射空门。

也就是说，在销售过程中，要么在第一次会面的时候实现首面首签，要么在二次跟进的时候完成签约。总之，一定要像射门得分一样，在不碰高压线的基础上想尽办法成功签单。

足球场上的射门是临门一脚，销售行业中的临门一脚被称作逼单。下面我就详细讲一讲逼单的重要性和相关的技巧。

1. 不会逼单的销售员，在拿结果上处处受制

许多销售员在与客户交流的过程中总是喜欢拉家常，每次提到产

品或服务时都非常谨慎，谈到与成交有关的话题更是慎之又慎。一旦按照销售流程到了逼单环节，他们要么显得特别紧张、缺乏信心，要么就支支吾吾，不敢直接开口。比如总是翻来覆去地说："领导，您看，我们也谈了好几轮，条件都谈得差不多了，要不我们把接下来的事定一下？"一直铺垫，就是不主动提签单的事情。

这种情况通常是因为销售员存在以下几种心理障碍。

（1）担心自己在客户心目中的人设崩塌

有些销售员在与客户的整个沟通过程中表现得非常专业，给客户留下了非常好的印象，也获得了客户的充分信任。这本是好事，但我发现，一些销售员反而因此受制于这种在客户心目中留下的印象，不愿意像其他销售员一样强势逼单，结果在关键的销售环节开始退缩。

> 在2000年的互联网寒冬中，阿里巴巴的业绩也受到极大影响，管理层为了寻找破局的方案焦头烂额。后来，在一次决定企业命运的会议中，阿里巴巴的中国供应商团队（后被称为"中供铁军"）应运而生。随后关明生、李琪、李旭晖加入，阿里巴巴起死回生。中供铁军不仅成功帮助阿里度过寒冬，还成功为互联网企业输送了众多人才，高瓴资本运营合伙人干嘉伟、滴滴出行创始人程维等都出自这支队伍。如果当时的阿里巴巴中供团队都是胆小怕事、不自信的员工，估计也不会有今天的阿里巴巴。

中供铁军的一个显著的优势就在于在逼单方面的强势和自信。试想一下，如果你作为客户，面对一个自信从容与你谈成交的销售员和一个畏首畏尾、眼神飘忽的销售员，你会相信哪一个？答案毫无疑问。一个连自己都不相信的销售员，凭什么让客户相信？所以，要想有效推动成交，我们一定要先相信自己，勇敢地向客户提出成交的建议，学会适时地逼单。

（2）担心把可能成功的订单"逼死"

逼单，就需要通过销售说辞和技巧，提醒、暗示甚至明确让客户做出决定或付诸行动。这自然会给客户带来压力，尤其在客户没有充分做好签单准备时，一旦感受到压力的确有可能选择离开。正是基于这种对客户心理状态的假设，很多销售员会担心，如果逼单会不会把以后有可能成交的订单给逼没了。这就导致很多销售人员不敢逼单，只想跟客户暂时维持良好关系，梦想有一天客户会主动找上门，送上合同和支票。

这同样是没搞清楚销售与客户关系的一种表现。

销售是服务于客户的，而签单、付款，正是服务内容中的组成部分。当开发客户有效，拜访程序到位，客户体验美好，方案契合需求，自然会有接下来的后续服务，而付款和交付产品就是后续服务的重要组成部分。

（3）佛系销售，顺其自然

有些销售员在第一次尝试让客户购买时，如果没有得到正面回复或直接被拒绝，就会认为客户已经表达了拒绝，自己就没有必要继续推销了，否则会非常没面子。有的销售甚至将自己的这种想法标榜为"佛系销售"。

其实，这种想法很危险。事实上，无论你再努力，跟客户关系再好，客户需求挖掘得再精准，产品介绍得再无懈可击，当你提出成交要求时，客户的接受都是小概率事件，拒绝才是大概率事件。你的"佛系"行为，只会让成交率再次降低。

记住一点，订单通常都是被"拖死"或被竞争对手抢走的，很少有被"逼死"的。如果你连谈成交的勇气都没有，那么就永远成不了一名优秀的销售员。

2. 逼单其实是筛选客户的过程

很多销售管理者，并没有告诉团队的销售员，销售其实是双向的，客户与销售员之前的选择，也是相互的。因此，逼单其实也是筛选客户的过程，并且往往是最行之有效的办法。

我在杭州做销售期间，当地行业圈和同事之间有这样一个说法："老贺拜访过的客户，如果没拿下来，那这家所谓的客户三年之内寸草不生。"

什么意思呢？

就是我签不了的单在整个杭州地区，三年之内没有任何人可以签下来。当年有个销售员不服气想要试一试，没想到在我没签下来的客户中，真的签下来一单，但最后这一单没有付款。

其实我当时的做法，就是用销售的话术不断地逼单，晓之以理，动之以情，然后逼单。但我在开发拜访的过程中，如果遇到的认为比较有希望成交的客户，却在逼单多次之后无果，那么绝对不是我的能力出问题了，而是这个客户真的没需求。

这样的客户，再去花时间打理的话，等于销售员用自己的无知，浪费自己的宝贵时间，阻碍自己的成长。

通过逼单，可以筛选出你开发的客户中真正愿意签约付款的人，以及真正为你提供有效帮助的人，这才是逼单的核心价值所在。

筛选客户、跟进逼单，其实两维一体，相辅相成，是一个销售员成为高手需要重点训练的两个关键能力。

3. 逼单方法：临门一脚要靠精湛的"射术"

很多销售管理者，只是告诉销售员要去逼单，要有锲而不舍的精神，但是却没有把其中的技巧说出来。这说明管理者既不理解逼单的重要性，也不理解销售的底层逻辑。

正如足球场上的球员在射门时会有技巧一样，逼单同样有技巧。

只有采用了正确的逼单方法，才能顺理成章地把结果拿回来。管理者教销售员逼单的时候，一定要强调以下要点。

（1）注意观察客户释放的信号

当销售把行业发展、公司规划、同行案例、产品介绍，以及售后和增值服务，都与客户沟通之后，这时候就要认真观察客户释放的一些信号，有些信号出现时，就是逼单的绝佳时机。

比如，当客户介意你的价格、询问同行的情况、想要深入了解产品非常细节的操作方法，以及在交谈过程中不停地快速查阅资料或者要求到你们的公司实地考察的时候，逼单的最佳时机就到了，这时候逼单的成功率往往会很高。

（2）掌握了逼单时机，接下来要打破销售员的心理壁垒

管理者在对销售员进行制度管理与培训过程中，必须立下一个硬性规矩：每一次销售结束的时候都必须要求客户签单，一次不行，还要第二次、第三次，直到成交。

这些硬性规定，会很自然地打破销售员的心理壁垒。久而久之成为习惯，销售员不敢逼单的心理障碍也会逐渐消失。

（3）时机恰当，心理关也过了，就要采用各种逼单技巧

我见过很多这样的销售员：为了抓住难得的签约机会，会事

先准备好所有关于逼单的说辞，然后反复演练，为的就是一举成功。结果一见到客户，有的紧张得手心冒汗、生怕出错，有的不停地说话来缓解紧张。

这样的逼单，效果无疑非常不理想，而且在逼单时就已经落了下风，想拿结果就更不容易了。其实，逼单的方法，经过不断地总结、提炼和优化，已经有了固定的模式和方法。

第一，给客户出客观题。

在准备逼单之前，提前制订同样能够拿回结果的 B 计划，然后在客户签约之前的关键阶段，用让客户做选择的方式进行逼单。比如说："这两款为您的公司量身定制的 CRM 系统，您更青睐哪一款？"把逼单的动作加以范围控制，让客户在拿结果的范围之内做选择，会大幅度提高拿结果的效率。

第二，给客户展示"比较结果"。

"与贵公司同行业的 ×× 公司，之前业绩比贵公司差了很多，但是在使用我们这款产品两年以后，业绩稳步上升。我注意到坊间评论，他们好像快与您的公司平起平坐了！"通过给客户做对比，以逼单的形式把画面感展现给客户，让他们产生紧迫感。

第三，征求客户的授权。

"没问题的话，我就给您走程序了""如果觉得合适，我现在就把我们这套系统给您安装上""您要是觉得行，我让技术人员现在就到贵公司现场开始前期准备工作"……通过话术征得客户授权，尽量减少客户犹豫、反复、纠缠的机会，把这一单生意尽快带入实质阶段。

第四，用好客户的"默认"。

如果感觉客户已经决定购买产品或服务，也可以根据实际情况，不再征询其他意见，而是这样说："您看付款节点这样设定是否符合贵公司的财务规定？""付款方式是选择电汇还是现金支票？"充分利用客户的默认态度，让谈判在不经意间进入拿结果阶段。

当然，不同行业领域的销售还有各种不同的逼单方式，管理者要根据实际情况合理地制定。

最后，我要提示销售管理者，一定要告诉销售员，逼单除了有方法，也有禁忌，比如在逼单的过程中，不要对客户说尖酸刻薄的话，要充分尊重客户的隐私，等等。总之，为了拿到结果，逼单是一个销售员在任何时候都要苦练的功夫。

二次开发：
提升复购率，让新客户变成回头客

能否拿到结果，是衡量销售工作最重要的一个指标，这一点无可非议。但是，拿到结果之后，就意味着销售工作结束了吗？面对这个问题，应该有很多人认为答案是肯定的，但实际上，这是一个错误的认知。

在做培训的时候，我经常会跟学员们提及这样一个道理：当你的销售员费尽千辛万苦，终于拿下了一个大客户，完成了签单，收到了付款，拿到了提成之后，一定要告诉他们，这只是付出之后收获的首次回报，并非所有回报。也就是说，要让销售员明白，签约成功只是胜利的第一步，我们做的不是一锤子买卖，而是以此为前提和契机，与客户进行长期合作，简单来说就是要对客户进行二次甚至是多次的开发，提升复购率。

当年在阿里销售团队的时候，我们做过一项关于客户成本的统计，最后得出的结论是：发展一个新客户的成本，可以用来发展3~10个老客户。也就是说，同样100万元销售额，在老客户身上消耗的成本要比新客户低得多，业绩也会稳定得多。

比如，网上的一些沟通软件运营者，经常会为客户搞各种活动，看上去很复杂，其实背后都有一定的商业逻辑。比如，有家运营商做过一个活动："软件年费充10000送5000，分20个月逐月返还。"

每个月节省250元的软件使用费，对客户而言是有一定吸引力的，所以很多客户会选择这样的增值服务，一次性付款10000元。这不仅说明客户选择了你的服务，更重要的是，这意味着至少在未来的20个月之内，客户都在"重复购买"。而经年日久后，当客户习惯了你的产品和服务，很有可能会成为你的终身客户。

销售团队会不会借助类似活动，激励甚至锁定客户的使用时间长度，决定了复购率的高低，也决定着团队业绩的提升空间。

当我们把一个新签约的客户，变成一个在未来的若干时间内仍然选择我们的产品，甚至能选择我们的延伸产品的客户，这些后续合作产生的回报，才是真正的结果最大化。

老方法之所以成为老方法，就是因为管用。同样的道理，老客户之所以能成为老客户，是因为这个客户可以让销售团队持续拿到结果、产生业绩。当然，这是一种比较理想的状态，而且想要实现也并不容易，但其中还是有一些方法可循的。

1. 利用优惠券抵扣，提升复购率

一般来说，老客户的流失都是有规律的。比如说，使用聊天式交易软件的客户，一般会在一季度、半年，或者一年内发生重复购买，因为这些基本上是续费的时间节点。在这些时间节点上，如果客户没有续费，该怎么办呢？

我在带团队初期，每完成一个客户的成交订单之后，都会做一件事：在交易完成之日，以及客户使用到期之前，给客户发送大额抵扣优惠券。也就是说，如果客户二年内持续使用我们的产品，可以用优惠券抵扣第二年的使用费。

针对这种优惠形式，在和技术部门进行沟通的时候，他们曾向我们提出质疑：优惠的额度如果过大，会不会影响销售业绩，进而影响公司的市场策略和年度经营指标？

我和我的团队成员们就这个问题算了一笔账，我们发现，大额优惠券抵扣出去的成本，要远比开发新客户的成本低，而且由于是老客户，沟通效果也远比和新客户沟通的效果好。更重要的是，这样的方式明显调动了老客户重复购买的积极性。

后来，我们对这样的方法进行了改进和优化，甚至把第二年续签合作发放优惠券的内容，写进了第一年的合同条款里，作为我们为客户提供的续签增值服务，加以约定。这样一来，新客户在正式成为签单客户之日起，就已经成了我们的老客户。

当然，激励重复购买绝不仅仅限于"发放优惠券"这种形式，在任何行业的销售环节，都有类似重复购买的增值服务和机制可供销售团队参考。

2. 提升产品使用浓度

所谓使用浓度，简单来说就是在有限时间内，面对多种选择，客户几乎只能做其中一个固定的选择，从而让其他选择逐渐失去机会。

由于销售工作的特质，当年我经常坐飞机到全国各地出差。时间一久，我几乎有了国内所有航空公司的会员卡。刚开始，我对任何一家航空公司都无所谓忠诚，选择航班主要是根据自己的行程需要来决定。

有一次，一家航空公司向我推出了一项服务，立刻引起了我的注意：只要有空位，可以无限次提供升舱服务。但有一个前提条件，那就是一年之内要在这家航空公司飞行足够的次数。

不得不承认，这项服务对于经常出差的我来说非常具有诱惑力。而且以我出差的频率来计算，完全可以达到他们的标准。当然，如果选择了这项服务，留给其他航空公司的机会基本就没有了。但为了获得更好的服务和飞行体验，我毫不犹豫地选择了这项服务。

这家航空公司的做法放在很多销售团队中同样适用。比如，对于一些做服装外贸的企业来说，它们一年内需要频繁到世界各地去参加展会，提供参展渠道的销售团队就可以提供类似的服务：在每一年世界各地举办的最重要的展会当中，为客户提供展厅中最重要、最显眼的位置，前提是客户必须在此后的若干个付费周期内，都使用我们的线上软件。

面对难得的商机，客户大多数情况下不会拒绝。这样一来，我们的产品就挤占了客户平时线上沟通业务的绝大多数份额，即便有其他竞争对手存在，但得益于产品浓度的增加，他们也很难撼动我们在客户心目中的位置。

3. 与客户深度连接

各行各业的竞争都非常激烈，所以绝大多数客户的选择并非只有一个。想要提升复购率，除了上面提到的两种方法，与客户建立深度连接也是非常重要的一点。

我在阿里带团队的时候，要求所有销售员面对从事外贸生意的客户反馈回来的关于 CRM 系统消息的回复率必须达到 100%，而且要保证回复及时。如果来了一封询盘，过了很久才回复，再大的商机也会错过。

比如，春节休假期间客户进行了询盘，想要在过年期间谈一笔海外的生意，会用到我们的系统。这时候，如果他发了消息，我们因为休假而没能及时回复，不仅会因此丢掉这一单生意，还会彻底失去客户的信任。所以，一定要时刻关注客户的动向，与客户做好深度连接，及时对他们的咨询和建议进行反馈。

当然，认真对待客户的每一次咨询和反馈，这只是与客户进行深度连接的一个方面，另外还有两点我们也要做到位。

第一，重视多渠道跟进。

在网上系统对客户的咨询和建议进行反馈的同时，我们还要通过其他一些渠道同时跟进。比如，利用邮箱给客户同步发一份反馈的文件，利用手机及时给客户进行微信或短信留言，或者利用电话进行直接的沟通，等等。

全方位、多渠道地触达，可以让客户感到被重视，从而增加对我们的信任。

第二，对待客户要拿出真诚的态度。

与客户联系时，不要过于功利，每一次都直接让他给你订单。每次联系的时候，都可以谈一些不同的话题，比如询问一下客户的运营问题、产品使用问题等等，如果客户提出问题，立即想办法为他们解决。这样一来，如果有需要客户多半还会来找你。

总之，管理者一定要强化这样一个概念：销售固然要拿到合理的结果，但合理的结果并非我们追求的最终目标，而是要让这个结果的效能发挥到极致。这就需要我们想办法不断提升客户的复购率，让新客户变成老客户，让老客户变成为我们提供终身价值的客户。

销售鱼塘：
最大限度地转化社交资源

"某总，我可以加一下您微信吗？我把我们产品的简介和资料通过微信发给您。"这句话，相信每个销售员在每天的工作中都会反复提及。由于移动互联网的飞速发展，加微信，几乎已经成了销售在跟进客户时必不可少的一个流程。

同样是微信，在不同的销售员心中，所起的作用却大相径庭。对有些销售员而言，微信只是和电话类似的一种沟通途径；可对销售高手们来说，尤其是在"后疫情时代"，微信已经成为深入了解客户需求和痛点，甚至直接促单拿结果的最佳方式。

我在与销售同行交流时，经常听到这样的抱怨："加完微信后，我立马就发资料给客户，客户却长时间不回复，我去问他原因，反而被客户拉黑了。这到底是怎么回事？和客户打电话的时候还是好好的，怎么加了微信反而'凉'了？"

在我看来，被客户拉黑的原因再简单不过，是他们没有做好自己的微信营销。在开发客户的环节，我反复强调，销售员一定要做好侦察兵的工作。其实，加完微信，一样要做这个工作。

1. 打好标签，设置分组

在成为客户的微信好友之后，销售员首先要做的第一件事，就是将客户进行标签化和分组设置。这样在以后的沟通中，能够让你更加方便快捷地找寻客户，同时也便于你后期给客户发送有针对性的内容。

（1）看客户的朋友圈，获取第一手的客户信息

通过客户的朋友圈，我们可以获得很多在电话中可能无法得知的信息。比如，通过客户的定位，可以得知客户与你之间的距离；通过客户日常的社交和生活照片，可以判定客户的性格、爱好等。总之，客户发的每一条朋友圈，都能让你更加了解客户，也让你离拿到结果更近一步。

（2）通过分组，发送量身定制的内容

打开很多销售员的朋友圈，全都是清一色的广告。作为一名合格的销售员，朋友圈难免要发送各种广告，但请在点下发送按键之前，将你的好友进行分组，在发送广告时，设置客户组为可见。

要知道，没有人喜欢看广告，更何况是你的客户，发太多广告很容易会被客户拉黑。所以你应该多发一些能体现自己个性的信息，这

方面的信息至少要占你朋友圈内容的 50%。这样经营自己的朋友圈，便不至于让客户过于反感，还能起到一个展示自己的作用，给客户留下"自信、坚强、客观"的印象。

请注意，我说的是朋友圈不能全都是广告，并不是说你完全不发广告。销售员一定要掌握好发送广告的比例和方法，切记凡事过犹不及。

①朋友圈广告的发送方法

很多销售员受职业性格的影响，朋友圈的内容也总是喜欢单刀直入——直接发广告，这种方法并不可取。如果你朋友圈有做微商的朋友，你会发现他们的朋友圈广告总是让人猝不及防。比如，他们会发各种客户咨询、客户异议解答、客户付款、客户反馈产品结果、客户表达感谢、产品价值方面的截图。

看到这里，你或许会产生疑问："我哪有这么多素材来发朋友圈啊，也没有这么多客户来找我啊。"素材都靠自己平时日常收集，实在没有，也可以通过你和你的小号或者你的同事相互协作产出。请记住，你确实是某款产品的销售员，但这款产品的销售员绝不只有你一个。

②朋友圈个人内容的发送方法

如果你有网红朋友，或者你听过之前的"上海名媛事件"，你便会知道：如果你想拥有更强的影响力和存在感，人设至关重要。

美食主播的朋友圈全是各类探店、美食鉴赏的内容；名媛的朋友圈全是旅游、下午茶、插花、茶艺、品酒等内容。不妨思考一下，你的人设是什么？抛开某产品的销售员这个标签，你还有什么其他标签吗？

如果你想为自己塑造一个自律、专业的销售人设，你可以经常发些健身、跑步等运动内容，也可以经常在朋友圈分享近期的读书感悟，或者为别人解答某相关专业的问题等。而如果你想将自己塑造成为一个爱生活、爱分享的销售员，你便可以经常发些摄影、采风的照片，或者日常下厨烘焙、做菜的照片，有孩子或者宠物的人，还可以发些孩子或宠物的近照，等等。像我本人就很喜欢品茶、旅游，我的朋友圈里就有大量和朋友一起喝茶或者去各地旅游的照片。

微信是一个社交平台，而不是卖货的平台，你需要为自己塑造一个除了销售身份之外，有血有肉有温度的人设。朋友圈更像是一个把你展示给客户的窗口，你想让客户看到什么就发什么。一般而言，一天分享的最佳数量是4~6条，再多就有刷屏的嫌疑，很容易被客户拉黑。

2. 通过朋友圈互动，建立一对一的关系

陌生的两个人，很难通过一次通话变得热络起来，可这一点微信

就能做到。你如果在朋友圈看到客户去旅游，就可以点赞评论，并给他推荐自己曾经在那个景点附近吃过的很棒的餐厅。或者你在朋友圈看到客户对近期的业务问题存在疑惑，你也可以通过微信和他沟通业务范围内的问题，一起交流困难，互相吐槽，取得共鸣……只要你用心，你会发现和客户建立关系的机会有很多。

一旦建立起这种一对一的关系，下一步自然就是维护关系，你可以从主动和客户打招呼做起。打招呼为了避免尴尬，一般都是问早安、晚安，这是最常见的方法，比如："某总，早上好！"请记住，千万不要直接发一个"早上好！"，而要带上客户的称呼，这样他才不会觉得你这是群发的信息。

当客户收到信息并对你回复之后，销售员就要想办法将客户慢慢带入你的销售主题。

比如："张姐，好久没见到您了。您这周什么时候方便过来做护理呀？给您留位了。"

如果此时客户的回复是："最近都没什么时间。"你就可以回复："姐，时间都是挤出来的，再忙也要照顾好自己的身体哦。只有身体好了，皮肤才会变得更好！您也别太累了，有空的话来店里放松放松吧。"

接下来，销售员就需要根据客户的后续回复随机应变，切记：不要逼着客户买你的东西，或者接受你的上门拜访，如果客户真的没空，销售员要多加理解，并提醒他们关爱自己的身体。

当然，从事销售工作时间越久，你的微信中便会积累越多的同事和客户，你每天接收到的消息，可能高达几百条，甚至上千条，这便很容易出现无法及时回复的情况。为了解决这个问题，你可以将那些近期重点跟进的客户进行聊天置顶，确保最高效及时的回复。至于其他客户的信息，则可以适当晚回。需要注意的是，晚回不是不回，如果你总是不爱理客户，久而久之，客户也就不会再理你。

3. 发朋友圈的时间

其实，发送朋友圈的时间是有套路的。很多销售员在接到销售主管的信息"今天有个××活动，你赶紧发下朋友圈宣传"之后，便立马去发朋友圈，看似快速响应了销售主管的指令，但其实未必能得到想要的结果。

举个极端的例子，如果你的客户大多是朝九晚五的白领一族，而你在凌晨4点，在朋友圈发了一条福利活动的相关信息。此时，你的客户基本都在睡梦之中，等到他们醒来后，你的朋友圈内容已经被其他人的内容淹没了。试问，你的客户还能看到你发的那条信息吗？

因此，销售员在发朋友圈之前，一定要先大致掌握客户的作息规律和生活节奏，在客户大概率会看朋友圈的时间发送。按照我多年经验总结，最适合发送朋友圈的黄金时间段有以下四个：

（1）7:30 至 9:00

大部分上班族在这个时间段都在挤地铁和搭公交，这也是这部分客户一天之中最重要的信息获取时间。在这个时间段，适合发一些正能量的话，配一些"高大上"的图片，同时给客户的朋友圈点赞、评论、互动一下，这有助于增进你和客户之间的感情。

这也是一天之中最不适合发广告的时间段。如果客户一大早就看到你发的广告，很容易心生厌烦，进而将你拉黑。

（2）11:30 至 13:00

这是大多数人午餐和午休的时间，很多客户都会利用吃饭的空暇，刷一刷朋友圈。

（3）17:30 至 20:00

这是晚高峰的时间段，此时的客户很有可能正百无聊赖地堵在路上，不妨在这个时间段发送一些广告。

（4）21:30 至 23:00

这是大多数人的睡前放松时间，很多客户的这段时间，基本上都会在手机上度过——刷刷抖音、聊聊微信、看看公众号文章等。此时可以和客户进行一些深入交流。

其实，微信朋友圈就像是鱼塘，销售就像在鱼塘中钓鱼。只有把自己的鱼塘经营好，才有可能年年有余。

以上我们介绍了销售人员具体工作中的7个主要环节应采取的有效方法，只要按照规定动作完成规定环节的工作内容，不出意外的话，团队中的每个成员都能拿回相对满意的结果。管理者需要重点关注的是：如果按照以上一系列方法，你的团队成员仍然没有拿回满意的结果，那么不是他的规定动作没做到位，就是管理者的辅导有偏差。

第五章
用制度保障业绩

制度的保障,体现的是管理者的监管能力,也是守护胜利果实的有力保障。制度的制定和监督的执行,既要具备科学、有效的特性,还要有不断更新迭代与逐步完善的特质。

只有铁的纪律
才能拿到铁的结果

在课堂上，我经常对学员们说："商场如战场，在公司你们就是带兵打仗的将军。"古时上阵杀敌，最重要的就是同仇敌忾、不怕牺牲的战斗精神。只有这样，整个军队才能做到铁板一块，战无不胜。同理，一个销售团队如果没有这样一股精气神，也很难干成大事。

中供铁军里的每个人每个月都有必须完成的任务，一旦完不成，很可能就会被淘汰出局。但是这种情况却很少发生，这不仅仅是因为大家都很努力，还有一个原因，那就是领导和团队是每个人的最大后盾。

不论是谁，如果遇到应付不了的客户，领导和团队其他同事都会来帮忙，而且没人会计较业绩算谁的。这在中供铁军是常态，而且大家都会主动去问休年假、病假的同事，有没有什么事情要完成，可以打一张时间表出来，整个团队会帮他一起做。

记得有一次，有一个销售员踢球时伤到了腿，在他休息的两个月里，业绩却没有落下一点，都是整个团队的人在帮他完成，为的就是不影响他的年度考核。

正是因为有无数个这样的团队，中供铁军才会做大做强。无论是古时候带队伍上阵杀敌，还是现在带队伍冲击销售业绩，原则是类似的，那就是要打造一个目标和利益一致的团队。而管理者就是这个团队的旗手，必须扛起责任，让这杆大旗屹立不倒。这就要求管理者要有极强的个人能力，以公平公正的态度管理团队，让每个成员产生出一种同心协力、荣辱与共的信念。

那么作为销售管理者，要怎么做才能打造一支具备这种精神的团队呢？阿里铁军有一个"铁人三项"的说法，即铁的纪律、铁的目标、铁的意志。管理者如果能在团队中贯彻执行好"铁人三项"，就可以在很大程度上以铁的纪律保证团队的战斗力，以铁的目标来凝聚整个团队，以铁的意志战胜一切困难。

1. 铁的纪律是前提

一个团队要保持战斗力，管理绝对不能松散，纪律一定要严格。制度一旦明确，就要雷厉风行，正所谓军令如山。

2007年，我在东莞做区域经理，每天我都要检查早启动的具体落地情况。

有一天早上9点半，我打电话给樟木头办事处一个销售员，向他了解开早会的情况，结果销售员告诉我他们当天没有开早会。于是我又打电话问另一个销售员，得到的是同样的反馈。

我立即打电话给他们的主管询问情况："孙主管，我想了解一下今天早启动的情况。"

"今天早上没开会。"

"我们在区域的主管会议上一致讨论通过了要早启动，你为什么不执行呢？"

"每天要出去陪访，没有时间开早会……"

"你是觉得开早会不重要吗？既然觉得不重要为什么不在主管会议上提出来？决策前充分发表意见，决策后坚决执行，这是公司的制度！"

主管支支吾吾，不知道怎么回答。

"你先回来，让手下的销售员去跑，我们好好聊聊关于公司制度落地执行的问题。"

"今天这个客户很重要，如果我回公司了，这一单恐怕就签不成了。"

"你要回来，至于你手上的那个客户，我会另外派人去对接处理。"我非常严肃地告诉他。

虽然，当时这个主管的业绩很好，但这种无视团队纪律的情况是绝对不能容忍的。公司规定，不执行公司制度的一律开除，这个主管最后黯然离职。

无论是谁，只要违反纪律，就要受到惩罚。只有坚定执行既定纪律，你的团队才会有强大的战斗力。

铁的纪律仅仅依靠严格执行就可以了吗？当然不行，还需要团队中的每个人，尤其是管理者要放下个人利益，不计个人得失，时刻以团队利益为重，这样才能让铁的纪律贯彻得更加彻底。

在我的个人业绩做得最好的时候，公司派我去东莞做主管。要知道，当时的东莞是全阿里倒数第一的市场，那个团队也是业绩垫底的一个团队。当时团队里有20多个销售员，大多数时候，平均每个人的业绩还不到一万元。没业绩就没提成，有一些销售员甚至到了没钱吃饭的地步。

面对这样一个市场，带领这样一个团队，在心理上是一个极大的挑战，在收入上更是压力重重。当时我刚刚买了房子和车，都要还贷款，但是当时做主管的基本工资只有两三千元，如果团队没业绩，我将面临无法还贷的窘境。

如果我继续做我的金牌销售，每个月的收入都会有保障，跟在这里做主管可以说天差地别。但是，我也深知，公司派我到这里来就是为了改变现状，无论如何我不能辜负领导的期望和东莞团队对我的信任。

后来，通过对市场的调查我发现了东莞团队的问题所在，并针对这些问题创造了独特的销售方法，最终带领东莞团队走出了困境，打了一场漂亮的翻身仗。

为了整个团队的大利益，就必须要舍弃自己的小利益，这才是铁的纪律。所以说"胜则举杯相庆，败则拼死相救"这句话并不是那么简单，是要每个人真正放下一切去执行的。

2. 铁的目标是完成业绩的驱动力

铁的目标是激励团队前进的力量源泉，只有把铁的目标刻在心里，团队成员才能够爆发出极大的工作热情和极强的创造力。当所有人都为这个目标付出自己的最大努力时，团队自然会迸发出无穷的力量，创造出更大的业绩。在对待团队的目标上，管理者要把握以下两个原则。

（1）明确性

所谓明确性，就是要求销售员每日、每周、每月甚至每年都要有明确的规划。只有规划清晰明了，才可分解落地执行，清晰明了的标准，就是全部用数字和日期说话。

> 2003年，我给团队定的年业绩目标是2371万元。要完成这样的业绩需要成交的客户数量是340家，成交340家客户需要开发A类客户1210家，开发1210家A类客户需要筛选9216家客户。
>
> 要筛选9216家客户，平均每月需要筛选768家，平均每星期需要筛选192家。

要完成 2371 万元的目标，平均每月需要完成 198 万元，平均每星期需要完成 49.5 万元。

团队全年开发 A 类客户的具体安排：

每工作日需要确定来公司参加培训的 A 类客户 6 家；

一个星期需要确定来公司参加培训的 A 类客户 26 家；

一个月需要确定来公司参加培训的 A 类客户 101 家；

一年需要确认来公司参加培训的 A 类客户 1210 家。

换算下来，是可以达到开发量的，因为做到 2371 万元的业绩只需要开发出 1210 家 A 类客户，按换算率来说是可以达到我们团队年业绩目标的。而且，这样的做法还有一个好处，就是每个销售员的目标清晰明确之后，管理者才能够高效方便地去监督、去辅导。

（2）挑战性

所谓挑战性，就是管理者要根据你所在行业的整体水平把目标定得高一些。只有用更高的目标去进行挑战，才能让团队获得更大的动力去完成目标。

2003 年 4 月，我给自己定的月度奋战目标是 80 万元，当时团队平均月度目标只有 30 万元。其实 3 月我定的目标是 50 万元，但最终完成了 34 万元，虽然超过了平均值，但仍是没有达成目标。按道理来说，4 月定目标应该继续以 3 月份为标准，但我决定打破常规，挑战更高的目标，于是定了 80 万元。当然我这样做也是有原因的，我觉得定了 50 万元的目标，最终通过奋战完成了 34 万元。那么，如果我把目标定得再高一些，是不是也可以把最终的业绩做得更高一些呢？果然，确定了 80 万元的奋战目标之后，我在 4 月份就做到了 65 万元。

后来这个方法我经常使用，而且屡试不爽。确定 100 万元的目标时，做到了 80 万元；确定 150 万元的目标时，做到了 115 万元。把自己定的目标不断加码，在失败中寻找新的突破点，很可能会让你获得更大的进步。

3. 铁的意志是团队成功的利器

想要成为一个优秀的销售员，坚定的意志力是必不可少的。对于大多数销售员来说，选择这份工作就意味着年复一年、日复一日地在外面奔波，每天都要去拜访客户，每天都要重复同样的说辞，每天都做着差不多的事情，很多时候还要面对客户的拒绝。面对这样高强度、高重复性的工作，如果没有耐心和毅力，是很难坚持下去的。

当年在中供铁军，我们每天 8 点就会到公司或办事处报到，然后把当天拜访的客户资料打印出来，同时安排好拜访路线。到了 9 点，当其他公司的员工刚刚上班准备泡一杯咖啡的时候，我们已经准备好所有东西出发了。

每个人包里都会背着一瓶矿泉水、一个面包，以防止拜访地没有吃饭的地方。到了中午大多会随便找个小饭馆或者小公园，简单休息一会儿，下午会继续开始拜访。到了晚上6点，回到办事处，我们会聚到一起，共同分享当天的成果和遇到的问题，还要把分享的内容记录下来，上传到系统里。最后，还要收集第二天要用的客户资料……

整套流程下来基本上已经晚上10点左右了。很多人在下班的时候会把电脑拿回家，利用睡前时间再搜集一点客户资料，争取明天能多拜访几家客户。这就是当时中供铁军员工的一天。

每天都要重复这样的工作，虽然很苦，但是内心很充实，因为每一天都会有收获。而且也正是在这种坚持下，中供铁军才创造出了一轮又一轮的超高业绩。

除了要克服工作的辛苦之外，强大的意志力还体现在超强的执行力上。在这方面，管理者更要身体力行，用自己的行动来带动整个团队。销售员不会做的事情，示范给他们做；销售员不敢做的事情，带领他们去做。比如，在遇到强大的竞争对手时，不要退缩，而要迎难而上，像狼一样扑上去，这样才会提高整个团队的执行效率。

或许有些人会觉得，这种管理方式攻击性太强，但我不这么认为。管理就是该说的话要说，该做的事要做，该拿到的结果必须去拿，仅此而已。

　　小成功靠个人，大成功靠团队。销售市场的竞争已经变得越来越激烈，管理者要与团队成员共同努力，打造出一支铁的队伍，这样才能在未来的竞争中脱颖而出。

制度要兼具严肃性与普适性

我们强调制度纪律严肃的一面，是要告诉各位管理者，制度是不容侵犯的，一旦触碰高压线，不论是谁，都必须付出相应的代价。不过，如果仅从这个角度看，那销售团队的制度未免太过冰冷和苛刻。这时候，管理者应该让团队成员明白，制度之所以是打造同力团队的重要保障，还有一层因素，那就是制度具有普适性。

特别是销售工作中的制度，得益于实践总结出的方法，这些制度的制定也应该更加侧重于推动销售人员的具体工作，从而让工作方法在制度的推动下更好地发挥效能，让销售人员的工作更得要领，同时规避误区，这些都是制度的普适性带来的保障功能。在本节里，我列举了两个销售团队中非常具有代表性和普适性的制度，可以从中看出制度与工作方法结合的有效机制。

1. 客户关系管理制度

销售团队工作的本质是建立和维护企业与客户之间的关系，这就要求管理者必须制定一套相对完善的客户关系管理制度，制度中既包括管理客户的续签率，也包括客户的满意度等，并且这些制度还要实现从 0 到 1 再到 n 的不断优化迭代。

客户关系管理分两个阶段：第一个阶段是把客户资料变成订单的过程；第二个阶段是客户关系的维护阶段。这两个阶段都会牵涉到很多制度。

第一个阶段：把客户资料变成订单。

把客户资料变成订单的过程，会涉及客户流转、客户资料输入、客户信息描述等制度。客户流转指的是客户资料不能固定在一个人的资料库里不流动，如果一个客户在一个销售人员那里迟迟签不下来，就要换人去拜访。客户资料输入就是销售人员把客户资料输入客户关系系统，输入客户的基本信息，如姓名、年龄、职位等。客户信息描述就是销售人员把自己每个客户的基本信息、拜访客户的进展、拜访客户过程中获得的更多信息等进行描述，比如客户的身份、沟通内容、沟通次数以及这家公司的决策人是谁、决策人的性格特点怎样等等。

很多销售人员觉得对客户进行信息描述没什么必要。如果你这么想，就大错特错了。

> 我在阿里的时候，经常会遇到员工辞职的情况，这时他的客户就要通过客户关系系统转移到其他人手上。在这种情况下，就会出现两种情况：如果这名销售人员的客户资料只是输入了基础信息，对后期具体的拜访情况描述不详细，那么其他人从系统接手他的客户时，就不知道该从哪个环节去跟进，以至于造成有些

客户难以继续向下推进、客户资源流失的结果。而那些平时就把客户的拜访记录、客户情况描述得很详细的人，即使离开后，无论谁接手，都能通过他留在客户关系系统中的客户描述，进一步跟进客户。

第二个阶段：客户关系的维护。

每一个企业都应该设立一套客户关系的维护服务体系制度。比如：一个客户要求回访几次，回访服务的标准流程是什么，对过度承诺怎么处理，等等。这些也都需要通过完善的制度固定下来，便于后期客户关系的维护。

一家公司、一个团队，维护客户关系的最终目的，都是要把团队或销售人员收集到的客户、找到的对标客户，变成有效客户，让客户完成签单，达到销售的目的。

如果你开发了客户却不去维护客户关系，不去拜访，不去回访，不去培训，把客户扔在一边不管了，那么你的客户很快就成为别人的客户，甚至成为竞争对手的客户。这就相当于你把自己辛苦开发出来的客户拱手送给了别人。

用技巧得到的客户，要用心去维护。根据我多年的销售经验，在维护客户关系时，只要把握住两点就够了：

第一，知道客户想要什么。

你想要实现从客户资料到客户订单的目标，就要先让客户满意，满足他的需求。比如：你的产品能满足他的需求，能帮他解决问题，能给他带来价值，能有更高的性价比，等等。只有客户需求满足了，客户才会愿意跟你签单。

第二，知道自己想要什么。

有些销售人员为了达成签单目的，有时会无底线地满足客户要求。这不但会减少自己的利润，还会扰乱市场规则，甚至会出现违规违纪的事情。这就违背了自己作为销售人员的初心。

要维护客户关系，既要尊重和满足客户的需求，也要尊重自己的初心，满足自己的需求。达成双方满意，才是销售真正的目的。知道客户要什么，知道自己要什么，才知道如何去维护。如果这件事情都没弄清楚，即使你想维护也维护不好。

2. 拜访制度

拜访是我们跟客户建立联系、维护客户关系最关键的环节，拜访的最终目的是与客户达成更好的沟通与合作。如果拜访没有形成制度，销售人员就会按照各自的喜好和方式去随意拜访，这样不仅很多事情难以做到位，还可能会影响公司形象。

以阿里早期发展B2C（企业对消费者）业务为例，产品在刚开始销售时遇到很多困难，因为很多企业从来没听说过这种产品。当时大家签订单都去广交会、国际展会等地方，有些人虽然知道互联网，但却不相信通过互联网就能把自己的产品销往全世界。所以，早期在产品推广和销售过程中，销售人员都很难通过简单的沟通实现签单。

这样的问题在今天的很多企业中依然存在，客户只相信自己的体验，在没有真正使用过某种产品之前，你很难让他们轻易地做出购买决定。所以，我们在做销售时，就要秉承一个"农夫理论"，即大家都不认可我的产品时，我就像农民春天时在地里播种一样，到处去跟客户介绍我们的产品，把这个种子撒播出去。

种子播下去之后，还需要施肥、浇水、喷药、除虫……这些步骤都需要我们一次又一次的拜访来实现和完成。很多客户都要拜访5次、10次甚至几十次，才能让第一天播下的种子在他们心中发芽、开花、结果，实现从资料到订单的目的。

这样艰难的拜访，如果没有一个制度加以约束和保障的话，执行下去会非常困难，更不用说保证执行的质量了。所以，拜访环节一定要有相应的制度加以保障。针对单一的拜访环节，说是制度，其实更像是一个既定的标准。比如"358制度"，就是一天要完成3家有效客户的预约拜访、5家新客户的开发，还要亲自去拜访8家客户。只有完成这个指标，这一天的任务才算完成，否则就相当于一天的工作没做完。当然，企业也可以根据自己销售团队的实际情况设定合理的拜访标准，对销售人员的拜访工作做出约束。

通过以上两个制度，我们可以感受到，其实制度本身就已经包含方法，让方法融入制度当中，等于给销售方法的成功运用多加了一层强有力的保障。

售后：
使用客户关系管理系统进行溯源

销售工作每天都要面临很多竞争，其中既包括外部与同行的竞争，也包括本公司、本团队之内销售员之间的竞争。

我在课堂上经常问学员这样一个问题：在客户开发的过程中，团队如果发生了内部竞争和冲突，这时候作为管理者，你该怎么办？比如，销售人员A和销售人员B在互不沟通的情况下，分别对同一个客户进行了电话拜访和当面拜访怎么办？比如，对于一些共享的客户信息，两个销售小组在进行应用的时候，时间次序难以分清，导致发生争执怎么办？再比如，马上到了合同签订阶段，陪访的老员工和负责这单业务的新销售发生矛盾了怎么办？

这些问题，流程似乎解决不了。因为，流程说到底还是靠人来执行，而靠人为措施来控制的流程，有天然的不可靠性。

比如，一条河流向大海，你给河流定的规矩是，遇到村落请绕道。但是，真到了村庄跟前，河流根本刹不住车，这时候该怎么办？正确的做法是，在村子周围建立堤坝，这样一来，河流到了这里便会绕道。这是流程，而我们建的堤坝，是工具。所以，为了解决销售环节上那些"怎么办"的问题，我们需要一个流程工具化的过程，而这个过程，就需要管理者运用 CRM 系统，发挥它的溯源依据作用。

CRM 系统是客户关系管理系统的简称，它是一种管理工具，主要作用就是销售员用于掌握客户信息，对客户进行服务。但在我看来，CRM 系统的作用绝不局限于此。CRM 系统具有普遍二象性，也就是说，对客户服务和对自身管理，有同一出发点上延展出的三种表现。

1. CRM 系统二象性的三种表现

（1）带来更高的透明度

CRM 系统从电子邮件、语音电话和其他渠道中提取信息，以帮助销售员获得更多客户并留住现有客户。这样一来，这个系统就为销售团队所有人员甚至公司其他部门人员，提供了一个统一的地方来管理工作流程和业务流程，从而大大增加了人与人之间、部门与部门之间的协作。这是二象性的第一个体现：既让销售人员知道怎么开发客户，又让团队知道是谁在开发这个客户。

（2）带来更好的分析与共享

由于数据的提取排除了大量人为因素的干扰，CRM 系统所掌握并展现出的数据更具客观真实性，同时也更具时效性。一个销售员可以把所有的销售数据都录入 CRM 系统，变成可见的指标，并执行数据仓库和数据挖掘功能，以了解客户的一切。

我在课堂上提到 CRM 系统的数据管理分析时，几乎所有的学员都表示，他们也在推进这项工作。然而，经过深入沟通我了解到，他们所谓的利用 CRM 进行的数据管理分析，既没有管理，也没有分析，说得直接一点，只是在做一些数字统计的工作。即每天文职人员把销售员录入的工作量、拜访量、成交信息放到系统里，呈现在他面前，让他审议和审阅，然后就到此为止了。

真正有效的数据分析，应该经历统计、分析、体现可视化成果、暴露问题、研提解决方案、反馈和展示解决效果、分享问题解决经验、强化工作亮点表现等诸多环节，CRM 系统能够把这些功能全部提供给管理者，可许多管理者却从未加以有效应用。

这是二象性的第二个体现：既执行具体分析工作，又把分析出的数据结果分享出来，让整个团队的销售工作具有借鉴意义的同时，还能够对此时、此客户的分析结果以及下一步动作进行集中讨论，从而得出最优解。

（3）带来更高的效率

对销售工作来说，沟通不畅和信息堵塞是浪费时间的主要原因。CRM 系统允许在一个地方访问所有面向客户的语音、聊天和电子邮件接触点，这就避免了团队内部信息不对称的情况。同时，根据对等的信息掌握情况，销售团队能够建立可重复的、经过验证的销售流程，并在正确的时间在正确的渠道上传递正确的信息，以获得更多的交易。

这是二象性的第三个体现：既让信息对等，提高销售员的工作效率，又通过展现方法，把每个销售员具体的工作方法在团队面前"亮"出来，形成可复制的有效经验。

这就是 CRM 系统对于销售团队而言，和其他系统对于其他部门而言的不同之处。其他部门的管理工具用于制定标准化流程，然后按照流程付诸实践就可以了。可是销售团队所使用的 CRM 系统，显然还有更丰富的东西在里面。

有了这样的认识，销售管理者就能够运用 CRM 系统的特点，妥善处理销售工作中的客户冲突。作为销售工具，CRM 系统可以让每个销售流程不逾矩。

2. 使用 CRM 系统的具体方法

CRM 系统允许通过分配任务、显示工作和准确描述何人何时做何事，对各个销售员的行为进行绩效跟踪，让团队中的每个人都可以了解业务进展，同时促进更多的相互理解和协作。其中的关键在于管理者如何规定和紧盯销售人员使用系统的具体方法。

（1）客户拜访内容输入必须模板化

在中供铁军，客户拜访信息输入 CRM 系统是有标准而严格的模板的，因为这样的模板经历了 CRM 系统的无数次优化，把各区域团队有效的工作方法全部提炼了出来。

中供铁军的客户拜访模板核心内容及要求如下：首先是字数要求，客户拜访信息不得低于50字；其次是内容要求，一是详述客户背景及诉求渴望，二是描述跟客户沟通的关键信息以及客户真实反馈。

这是一个销售员在开发一个客户、推进一单生意时必须做出的第一个规定动作。在阿里，CRM系统是唯一的溯源依据，也就是说，谁先拜访跟进且录入有效拜访记录，客户就归谁。

这也就解释了为什么字数要求不得低于50字，因为50字以上才能确保信息录入的有效性。其中包括客户的基本情况，谁开发的，怎样开发的，选用了怎样的途径，第一次电话或拜访采取了何种办法，有没有下一次的有效预约，等等。管理者要告诉销售员，进行详细的信息录入，也是一种很好的保护自己利益的方式。这样可以从源头解决有可能带来的由客户归属而引起的冲突问题，比出现了冲突再行解决要高效得多。

（2）"早启动"汇报内容必须"四要素"一应俱全

这四要素分别是A类客户逼单数量，B、C类客户跟进情况，新客户开发情况以及老客户回访的效果。

要素一：A类客户的逼单数量，包括的内容有当天逼单数量，已经具备签单潜质客户的合作预案及合同标的是否已对接并完善，以及客户详情的关键点（这些录入CRM系统"早启动"模块的内容必须包括公司名称、预约时间、摆放方式、客户主营业务、客单价、业务规模、人效情况、客户痛点及诉求）。

要素二：B、C类客户的跟进录入的信息内容，除了合作预案改为意向方案之外，其他工作及录入信息要求与A类客户基本相同。

要素三：新客户的开发录入信息内容要体现开发数量及开发路径、开发渠道的准备工作。

要素四：老客户回访录入信息内容除了回访数量以外，要明确回访目的和回访策略。

在CRM系统中录入了四要素一应俱全的"早启动"汇报内容之后，一个销售员一天的工作就等于有了明确的工作指导。该去拜访谁、该准备什么方案、采取什么策略，这样全面的工作计划在CRM中加以体现，会在很大程度上避免团队内部冲突的出现。

（3）"晚汇报"信息录入要加入今日感悟

当销售人员结束了一天的工作，除了需要反馈"早启动"中的四要素完成的情况与结果以外，管理人员千万不要忘记提示销售员，要做当天工作的成长感悟。其中包括：今天有什么收获，如果没有收获是什么原因造成的；今天的工作有哪些问题，接下来如何改进，是否需要管理人员或者团队提供必要的支持；等等。

中供铁军的销售员每天都要复盘当天跟进的客户进展及问题，管理者则要对症下药给出应对策略及方法。这样的工作不是单对单的，而是整个小组、整支团队的销售员及主管全部在一起集中讨论，讨论的结果将由销售员录入 CRM 系统的当天晚汇报信息内容中。

通过公开问题、分享问题，共同研究解决方法，加之 CRM 系统让这些活动有痕迹、可查询，可以把每一个客户的具体开发跟进工作的责任落实到每一个明确的个人，并让所有人看到、了解、知悉。这就是通过工具对流程实施有效管理、避免客户冲突的最直接体现。

当然，晚汇报绝不仅仅是达到这个程度，管理者还要根据晚汇报的信息，结合录入 CRM 系统的内容，给出销售人员明日目标辅导。即当天晚上，把销售员第二天每一个待跟进客户的现状及问题都弄清楚，然后给出解决策略和指导方法。

如此一来，销售人员一天的工作，通过 CRM 系统的辅助，便形成了一个完整的闭环。日复一日，这样完整的闭环就会成为销售人员一单生意中一个完整的体系，客户冲突也自然而然地避免了。

因此，销售管理者必须意识到，CRM 系统在销售团队中，除了能够起到对客户关系维护等业务层面的推动，还有更多提供流程化管理的工具可以使用。利用这些工具，打造一个信息透明且对称、工作记录"抓铁有痕"的客户关系管理制度，就能在提升管理效能和提高销售人员工作效率的同时，有效避免客户冲突。

强制公开与拣回：
客户信息是团队财富

业绩差的销售团队大多存在以下问题：销售员工作效率低下，不但名下有很多未及时跟进的老客户，而且也缺少发展新客户的积极性；团队成员之间的合作不到位，存在大量的闲置客户资源，致使团队的签单周期变长。

出现这种情况，多半是管理者在客户资源管理上出现了问题。这时候，管理者就需要建立一个高效合理的客户分配机制，提高团队活力，让队员之间进行良性竞争。而这样的机制其实并不需要管理者发挥多大的主观能动性，因为 CRM 系统里的强制公开与拣回功能已经帮助我们完成了这项工作。

客户信息是团队共同的财富，强制公开与拣回功能可以很好地处理客户资源分配问题。如果某个销售员不能对某个客户进行有效跟进，那么这个客户就会被收回到系统公海池，进行信息公开，等待被其他销售员领取，当事销售员则在一定时间内不能将其拣回。利用这个功能，管理者可以提高团队的工作效率和销售人员之间的默契度。

那么，具体该如何利用这个系统呢？我总结出了四个阶段的操作技巧，供大家学习和参考。

1．7天之内，没有触达成交关键人则强制公开

关键成交人大多是公司的一、二把手，他们多半公事繁忙，所以销售员想要直接与他们进行沟通往往很难。面对这个难题，很多销售员都开始逃避，希望能用迂回的方法去解决，比如过段时间再联系，但效果大多不好。

这种情况下，不仅影响自己的签单效率，也会给竞争对手留下空间。这时候，CRM系统里的强制公开功能就可以发挥效用了：凡是意向客户，必须在7天之内触达成交关键人。如果7天之内没有结果，就要将客户信息强制公开，让团队内的其他人领取。这样一来，团队管理的效率会大大提升，签单的效率也会随之提升。

可能有人会问，为什么是7天？

道理很简单，辅导销售新人的时候，7天是第一个时间节点。经过7天的培养和锻炼，通过谈感悟、回顾经历等等，管理者会发现销售员存在的一些问题，然后会针对性地帮助解决，并安排下一阶段工作。同样的道理，在销售指导的过程中，7天的时间，通过销售员自己的努力和管理者的辅导，大多数都可以触达关键成交人了。如果没能触达，一定是销售员自身的某个规定动作没能做到位，那么，就必须将客户信息公开，让销售员立刻顶上，否则这一单很可能被耽误。

2. 触达成交关键人后，7 天没有跟进出商机则强制公开

所谓商机，就是能够促成订单、拿回结果的机会。当触达关键成交人之后，如果我们能够用销售技巧发掘他的需求和痛点，而同时我们的产品又恰好可以解决对方的需求，价格对方也大致可以接受，这时候商机就出现了。

商机靠什么得来？当然是靠有效预约、优质拜访、妥善报价和逼单得来的。这些销售方法在销售员上战场以前，管理者基本上已经倾囊相授。

触达了顶层，就要去发掘需求，而发掘了需求，就必须有雷霆手段，拿下订单。从这个角度来说，7 天的时间，取得关键决策人的下一步实质推进意见是足够的。如果 7 天之内仍然没有结果，必须强制公开，否则客户很可能被竞争对手抢走。

3. 有商机，7 天内没有预约上门拜访强制公开

有的管理者会想，找到了关键人，关键人又对产品或服务有需求有兴趣，这就是优质客户了。这下稳了吧？其实不然，别忘了，你能发掘出来的优质客户，你的对手也不是看不到、挖不出。

所以销售员的预约拜访越快越好，哪怕只耽误一天，这个客户可能就被竞争对手抢走了。

在阿里做销冠那几年，很多客户在跟我签约之后都会告诉我："××公司的小张也跟我们联系过，本来说好了明天来跟我谈签约，但既然你今天来了，而且服务也挺好，价格也合适，所以就跟你签了。"

每次遇到这种情况，我都在想，幸亏自己比别人提前一天联系了客户，否则很可能客户就被抢走了。

所以到后来我自己带团队的时候，便给大家定了一个死规矩：销售员7天内必须对客户进行一次拜访，如果不拜访，在第8天的早上6点左右，系统就会强制把客户的信息公开，辛苦开发的客户会转眼变成别人的。

一旦被别人拣走，录入系统库，这个客户也就不再属于你了。这样的客户你不珍惜，别人会帮你珍惜。所以，当时我的团队里经常会出现这样的情况：每天早上6点左右，团队里的所有人就开始盯着电脑，准备抢第8天开放的客户信息。刚一开放，不会超过3分钟，所有客户信息会被一抢而空。

对于销售人员，他们得到的机会是什么？最终无外乎是见到客户，达成共识，完成签单。所以作为管理者，绝对不能让你的销售员把几乎已经到手的客户拱手让人。

4. 上门拜访后，一个月内没有有效推进结果强制公开

经过一次拜访之后，销售员再次跟进客户的时候，最重要的动作就是逼单，取得结果。较之前三个环节，逼单的时间之所以留出一个月的富余量来，是因为我们在这个环节会遇到更多不可控的情况。

很多销售员在进行二次或三次拜访的时候，好不容易见到了第一成交关键人，这时候，如果与对方在各方面都聊得比较投缘，多半会尝试提出签单。但如果这时候客户的反应是"再考虑一下"，那么他们就会觉得反正签单也不急于一时，如果逼得太急客户反而有可能丢掉，于是多半会同意客户的说法，并表示过两天再联系客户。

但后续的发展很可能是，当销售员过两天再联系客户时，客户会提出一些其他的问题，然后又会继续拖延签单。而且很多时候，这样的情况会反复多次，最后的结果有可能是成功签单，也有可能被客户拒绝。

显然，遇到这样的情况，7天的反应时间是不够的，因为我们可能要面临调整服务方案、增加服务价值、调整价格、请示上级、博弈客户等诸多环节。

既然客户是优质客户，而且前期的各个动作都没有什么问题。那

么，面对逼单，客户提出各种问题或质疑，绝大多数是真的想签约却又不得不确认一些最终的环节和细节。

为了尽量成功签单，同时为后续的客户二次开发做好相应的准备，这个逼单环节应该适当延长一点。

当然，如果按照正确的方法跟进几次，在一个月内还没能取得结果，那就要反过来审视销售员本身的动作了。除此之外，整个过程中，老员工、主管的陪访是否到位，也是管理者必须重点审查的环节。

但不管怎样，一个月的时间还是没能让优质客户完成签单，要么是因为客户对你的产品或服务不满意，要么就是因为客户已经被竞争对手撬走。所以，一个月后，如果拿不到结果，就必须把这个客户强制公开。

值得注意的是，拜访环节一个月内拿不到结果的强制公开，在一定期限内是不能拣回的。道理很简单，当信息被公开，团队内的其他销售员获得这个客户信息后，有可能重新经历一个从开发到预约拜访再到逼单的闭环，这个过程同样需要上一位销售员所经历的全部流程，是要花相应的时间的。

以上就是CRM系统中客户信息强制公开的意义和作用，之所以说客户信息是销售团队的共同财富，是因为在系统的机制下，客户至少还在团队中，没有外流到竞争对手那里去。所以，不论最终是哪个销售员签下了这个客户，都是通过公开机制及时拿回结果、避免损失的做法。

及时迭代与完善：
制度要长期有效

制度作为同力的保障，能否行之有效，其决定因素是强有力的约束性和强大的功能性。遗憾的是许多销售团队的制度，目前都处在约束性有余、功能性不足的境地。这就会造成一种局面，就是制度经常会失效，最后唯一有效的部分在于惩罚机制，甚至严重一点，制度仅仅在辞退违反纪律的人员时才发挥作用。

销售管理者必须思考，如果是这样的制度，那想必是制度本身在某些环节出现了问题。作为制度的制定者和实施者，从同力的保障性出发来考虑，它的各个条款必须对全时段和全员实现有效覆盖，这就要求管理者在制定制度的本领上进行苦修。结合销售工作的特性，我认为制度应该在以下几个层面予以完善。

1. 管理体系要完善

有很多管理者，尤其是团队比较小的管理者，并不重视团队管理体系的建设，他们觉得，自己的团队一共只有十几个人，有几条规则制度就行了，不需要什么完善的销售管理体系。但是他们可能没有思考过这样一个问题：是因为规模小不需要完善的销售管理体系，还是因为没有重视完善的销售管理体系而无法做大呢？小的团队大概率不会一直存在，要么做大，要么慢慢被淘汰。

因此，对于绝大多数团队来说，建立完善的管理体系都是获得进一步成长和发展的基础。一套完善科学高效的销售管理体系，可以帮助销售员迅速成长，同时也能够帮助管理者迅速提升团队的整体业绩。

（1）整顿秩序

"没有规矩，不成方圆"，这句古语说明了秩序的重要性。管理者要明确团队的规章、制度、流程，纠正销售员在工作中的不规范、不正确的行为。

比如，有令不行、有章不循，销售员按个人意愿行事等行为，都会造成团队无序浪费，如有发现，要及时出方案解决。一般来说，管理者可以根据团队现行状态，建立团队行动秩序法则。

首先，厘清团队成员的责任。销售员负责什么？做到什么程度？期限到什么时候？要明确清楚。责任划分不要有模糊的领域，这样出了问题，谁的责任很清楚；取得了成绩，谁的功劳也很清楚。其次，做好检查工作。工作过程中，并不是所有人都一直正确，也不是所有人都一直积极，需要落实检查督促。最后，进行日常考核，优胜劣汰。设立绩效考评与晋升淘汰机制、职业发展与选拔机制，消除落后层，以推动全体员工努力向前。

管理者要坚定执行这套法则，让团队从无序变为相对有序，从而迅速整合团队资源，提高团队工作效率，提升团队业绩。

（2）改进方法

销售做久了，销售员大多会形成一套自己的方法习惯，当中难免有好有坏。好的当然要保持，坏的自然要改进。具体来说，管理者可以从以下几个方面进行整改：加强引导控制；开会讨论或者单独谈话，让销售员意识到事情的严重性；制定惩罚制度。

管理者要严格执行这些制度，并与销售员进行持续沟通，这样便能在很大程度上帮助他们改变不良方法和习惯，激发他们在正确的道路上前进。

2. 管理能力要全面

（1）目标管理能力

一个优秀的团队管理者应该具备高超的销售目标管理能力，如果管理者不善于设定销售目标，即使当下业绩过得去，迟早也会出现问题。团队目标的设定和管理需要注意下面四点：

第一，知道目标的量化标准；

第二，目标要有长期性，懂得根据实际情况灵活变动；

第三，目标制定要有高度参与性；

第四，不同层次销售员对目标的理解要一致，不能出现偏差。

设置目标时要有时间限制，可以根据销售员目标任务的轻重缓急，确定完成目标的时间要求，然后定期检查团队目标的完成进度，及时掌握团队目标的进展，以便对团队进行及时指导。

（2）业绩管理能力

如果一个团队内多数销售员在签单方面出现问题，管理者要负大部分责任。管理者在团队中重要的价值，就是帮助销售员把开发出来的客户推进出一个结果。下面是完成团队业绩的6个关键方面：

第一，建立客户资源保护机制：兵走，客户不能走；

第二，详细记录客户信息：既方便自己，也让后来者受益；

第三，按签单意向度把客户分成A、B、C三类；

第四，利用有效拜访提高签单率；

第五，建立预防客户冲突机制，避免内部抢客户；

第六，CRM软件的系统化、数据化。

虽然这套业绩管理方法十分有效，但是，管理者要根据自身情况和行业状况有针对性地分类，不要生搬硬套。

（3）过程管理能力

如果一个团队的签单率低，就说明管理者在过程管理方面出现了问题。经常有学员跟我抱怨："现在这些销售员可真不好管理，100次不能按预期将合同拿回来，他们会给出100个不同的理由。对于这些理由，我也分不清真假，但是面对这个结果我也没有什么办法。批评吧，他们有理由；不批评吧，签单率太低。好客户都给浪费了。"

签单是整个销售流程的最后环节，如果等这个最后的结果出现了问题管理者才有反应，这是非常被动的，解决的方法就是按销售的结果（签单）往前延伸。

一个客户从没有听过你的公司、不了解你的产品，到最后决定买你的东西，这是一个你（销售员）赢得客户信任的过程。当团队在这个过程（流程）中出现问题时，管理者需要将销售流程的每个环节定义清楚，选择正确的监管点，随时监督销售员对当前客户的跟进状态。

阿里铁军式过程管理的组成要素包括：每天都要有签单的意识，做好"清库"工作，清楚掌握重要客户情况，有效新增客户一次性签单，分析客户的真实意图。

细致清晰的销售流程能够提高各个环节的客户转化率，从而缩短签单周期，提高签单成功率；同时，还能够帮助管理者监控管理销售员每个节点的销售情况，掌控可预见的问题，及时解决，帮助销售员成长，最终实现团队业绩的增长。

（4）人才培养能力

人才培养能力差是很多团队出现大问题的一个重要原因。人才培养能力的本质是：做正确的事情，正确地做事。

首先，管理者要明确，你是通过别人拿结果的，所以应该把更多的精力放在销售员身上，帮助他们成长，这是正确的事；其次要培养人才梯队，让更多优秀的销售员源源不断地涌现出来，虽然新人培训的成本略高，而且很难在短时间内看到成效，但是也要坚持下去。

培养人才时有五个关键点要注意：培训靠体系、人才靠培养、能力靠激发、留人靠留心、淘汰靠坚决。牢牢地把关键点把握住，管理者在培训时思路就会更加清晰，也会更有针对性，结果也会事半功倍。后四点需要靠管理者实践领悟。培训体系需要管理者充分准备，如资料的充分翔实、语言语气的凝练等等。销售培训体系主要有三部分：价值观的培养、心态的培养、能力的培养。

价值观的培养，主要是让销售员认可企业以及企业产品；心态方面的培养，主要是消除销售员在销售过程中产生的不敢、不愿等消极情绪，激发销售员的内驱力；能力方面的培养，主要是让销售员学会处理在工作过程中出现的问题，提高市场、产品方面的知识和销售技能。

制度制定是一个系统性工程，需要管理者具备丰富的管理经验才能做到游刃有余。所以，平时要多学习，多思考，学别人的方法，思考自己的教训。

第三部分
同欲

"上下同欲者胜",同结果、共承担,不仅是打造销售铁军军魂的必要条件,也能让成员们对每个结果负责,更好更快实现目标。

第六章
有凝聚力才有战斗力

同结果欲，同承担欲，是打造铁军军魂的必要条件。管理者需要将个人的梦想与团队的目标相结合，让每个人都参与到团队当下和未来的成绩中，实现共赢，这样才能形成强悍的战斗力。

管理者有担当才能上下齐心

就像电影里说的那样，一个人到了相应的位置，有权利也要尽义务。当今市场，许多公司销售团队的管理者奉行的是"尽人事、听天命"的人生哲学，至于最终结果如何，在真正到达节点之前，他们自己也不清楚。我认为，这是不负责任的表现，既然你可以管别人，别人又必须听命于你，那你须有一些常人不具备的特质。这些特质，不同于方法和理论，是管理者自身气质和精神方面的东西。从这个角度来说，作为销售团队的管理者，首先要明白三个道理：（1）苦劳是自己的，功劳是团队的；（2）学会治疗自己和别人的伤口；（3）任何人的错都是你的错。

1. 苦劳是自己的，功劳是团队的

"苦劳是自己的，功劳是团队的"，这句话对我个人的影响很深。如果没有这个原则的引导，我第一次成为团队主管，在带领团队的过程中可能就会中途放弃。

当年我被公司派到东莞，临走之前，公司副总经理和李琪、吴敏之三个人找我谈话。他们告诉我，做管理者，就要做好承受苦劳奉献功劳的心理准备。

我就是带着这句话奔赴东莞的。后来我发现，在东莞所承受的劳苦远比我想象的多。那时，东莞团队中有9个人，但有时一个月仅能做出10万元的业绩，这就意味着他们每月只能拿到400~500元的销售提成，加上1500元的基本工资，收入少得可怜。而业绩差的原因，就在于东莞本地的老板对于我们的产品没有需求，他们都是给台资或港资企业做配套生产，有需求的老板都在台湾或香港，我们很难直接和他们对接。这就导致东莞市场长期处在一筹莫展的状态。所以，尽管我在杭州市场多次拿到销售冠军，但在东莞市场的第一年，我的销售业绩却是倒数第一。

之后的经历，让我特别感谢"苦劳是自己的，功劳是团队的"这句话。因为很多从基层销售成长起来的主管，在帮助团队拿到结果后，很容易将功劳不自觉地揽在自己身上。如果这样做了，非但不能提升自己的声望，还会影响整个团队的团结，大家以后都不愿意再跟着你干了。相反，如果主管能把成功的经验传达给团队，把获得的荣誉都交给团队，把一个人的成功变成整个团队的成功，就会大大提升团队的凝聚力和战斗力。虽然这个过程很辛苦，但最终真正创造价值的仍然是销售人员，主管是通过销售人员拿结果的。团队新人不断成长，老人不断蜕变，整个团队才能不断进步，创造更多的价值。这才是一个管理者应该追求的境界。

2. 学会治疗自己和别人的伤口

在日常工作中，销售团队会遇到各种各样的困难，这些困难很容易影响团队成员的工作情绪。而一个销售团队如果不能保持稳定的工作情绪，就可能会影响业绩。作为一名合格的销售管理者，在困难到来时不仅要学会安抚他人，也要懂得安抚自己。只有在困难面前稳定住团队的情绪，才能将困难带来的负面影响降到最低。

（1）治疗自己的伤口：痛定思痛，伤口因何而来？

在工作过程中，管理者会承担来自各方的压力和痛苦，如果不能学会缓解压力，或者不能积极找到解决问题的方法，就很可能成为团队中第一个倒下的人，进而使整个团队陷入困境。

当年在东莞市场，我其实不止一次想过要放弃，但当时广东区的总经理丹尼斯问了我一句话："你还记得你为什么要来阿里吗？"我说我是来学管理的。他说，既然你是来学管理的，就应该学会面对管理过程中出现的种种问题。虽然你在杭州市场顺风顺水，但如果一遇到逆境你就逃避，那你如何保证在以后的管理中不会再遇见逆境呢？

丹尼斯的话使我彻底打消了放弃的念头，开始重新直面东莞市场的困难。其实当时东莞市场最大的问题就是无法直接对接企业的大老板们，找到这个痛点后，我们便开始想办法解决。经多方了解，我们发现这些大老板非常看重与那些国际知名大卖场之间的合作，比如沃尔玛、麦德龙等。而东莞恰巧是一个世界著名生产基地，经常为那些超级市场提供大量货源。

针对这个现状，我们制定了自己的销售策略，就是告诉那些公司的外贸经理或工厂负责人，我们东莞办事处正为一些大卖场筛选优秀的供应商，而我们已经关注到包括你们在内的五六家企业，现在需要与你们的老板沟通一下，看看他有没有这方面的需求。

其实绝大多数老板都有这方面的需求，因为这些大卖场的订单往往都是几百万欧元或美元的大单，足以让他们动心。就这样，我们顺利地与那些老板建立了联系，破开了东莞市场这道冰。

经历了这件事情后，我对销售管理者的认识更加深刻了，当我再遇到开拓市场无望或处在某些困境时，便不再怨天尤人，更不想着中途放弃，而是通过各种方法缓解自身压力，再去思考问题究竟出在哪里。痛定思痛，找到问题的关键之处，带领团队攻克难关。

（2）治疗别人的伤口：抚慰军心，重整旗鼓再出发

相对于管理者，团队中的销售人员更容易遭受打击。因为销售工作需要经常与客户打交道，被客户当面拒绝、吃闭门羹，甚至被客户责骂，都是经常发生的事。这些都可能在销售人员心中留下伤痕，进

而影响他们的工作热情。如果一个团队中的大部分都是"受伤"的人，那必然会影响整个团队的士气和凝聚力。所以，作为销售团队的管理者，应该主动帮助销售人员治疗伤口，帮助他们振作起来，重整旗鼓再出发。

有一次，我与一位做销售主管的朋友闲聊，他给我讲了一件事。在他们公司的一次年终销售表彰大会上，当主持人问销售冠军最想感谢的人是谁时，这位销售冠军说出了他的名字。当时他很诧异，因为这位销售冠军早就离开他的团队了，只是几年前刚加入公司时在他的团队待过几个月，如果说要感谢的话，他也应该感谢现在所在团队的管理者才对。

原来，当这位销售冠军还在他的团队时，有一次，他在上海对接一位跟了半年多的大客户，然而就在签约的前一天，这位大客户却被竞争对手抢走了。当时，这位销售冠军心情非常沮丧。不幸的是，在这时又传来了老家亲人病重的消息，这让他的心情更加糟糕。

我这位朋友了解情况后，陪他足足聊了三个小时，最终让这位销售冠军的情绪逐渐稳定下来。同时，这场谈话也帮助这位销售冠军重新建立了信心。

有些人一旦成为管理者，就会忘记自己在做普通销售时所经受的痛苦，将团队成员在销售过程中所受的伤看成是理所应当。殊不知，优秀的销售管理者不仅是医生，能够治愈自己，还应当是护士，能够抚慰他人，懂得设身处地地帮助销售人员。只有这样，销售人员在工作中所受的伤才能快速愈合，抗压能力才会越来越强。

3. 任何人的错都是你的错

团队成功时，管理者要把荣誉给到团队；团队失败时，一切刚好相反，责任永远都要归给管理者自己。

一家公司在快速发展的过程中，会有各种各样的人才加入，有各种新老人员的交替，也会有各种性格之间的冲突和融合。在这种情况下，必然有人要做出让步。而相对于说服别人，自己站出来承担责任显然能更加合理而高效地解决问题。就像阿里的一句经典名言：任何人的错，都是你的错。

举个例子，早期阿里巴巴的很多销售人员都非常有个性，在工作中也经常出现冲突与矛盾，甚至有人会闹到公司高管那里。这时，有些销售管理者就会主动将问题承担下来，然后积极去调节团队成员之间的关系。当然，也有些销售管理者会极力推卸责任，明哲保身。后来的发展表明，那些敢于担当责任的人，大部分都成了公司的高管；而一味推卸责任的人，多半在中途便离开了公司。

事实上，能力越强的人越有性格，在做一些决策、讨论或共创时，这些人也越容易坚持己见。在这种情况下，冲突必然会发生。作为管理者，我们要意识到，每个冲突、顶撞你的人其实都只是在就事论事。我们要认同这个磨合过程的存在，甚至欢迎这种冲突、矛盾的出现，因为理越辩越明，道越理越清。特别是上下级之间产生冲突的时候，管理者更要海纳百川，有足够大的胸怀去容纳销售人员的过激行为，就像阿里曾经流行的那句话：管理者的胸怀是被冤枉撑大的。

当然，我们要做的不仅是包容，还有思考。有时别人提供的思路未必是错的，可能只是因为他和大家站的位置不同，考虑的内容不同，才会产生不同的结论。很多时候，我们的方案或计划都是需要这种不同维度的思考来补充的。所以，管理者还要学会换位思考，站在不同角度去看待问题，还要学会融合别人的见解，而不是固执己见，认为别人的观点都是错的。

兼听则明，偏听则暗，在任何时候，管理者都不要站在上帝视角去批判别人，而是把自己放在低处，告诉自己，任何人的错可能都是自己的错。只有这样，我们的管理工作才能更加开放，更加包容，更加兼容并蓄。

一鼓作气：
首面首签的亮剑精神

我个人很喜欢《亮剑》这部电视剧，在这部剧中我们看到，一支经常打胜仗的队伍不一定要有精良的武器装备，也不一定要有完美的战略战术，但有一种东西是绝对不能缺少的，那就是这支队伍的军魂。逢敌必亮剑的军魂，就是独立团多次击败敌人的有效武器。

销售队伍也是如此，在很多时候，业绩的好与坏往往不是由销售人员的销售技能决定的，也不是代理销售项目的好坏决定的，而是由销售人员对工作的投入度和付出精神决定的。再好的产品，技能再高的销售人员，对待工作不专注、不投入，业绩也很难有明显增长。

1. 哪怕敌众我寡，也要拼搏到底

在销售过程中，销售人员每天都会面临无数次的拒绝和打击。即使是在中供铁军中，这种情况也是家常便饭。

每个在中供铁军工作过的销售人员都有这样的体会，不管是开发客户还是成交客户，他们都是无数次面带微笑而去，又无数次被面若冰霜的客户拒绝，但这些销售人员从未退缩过，也从未放弃过。

我在中供铁军的那段日子里，每天都会跟那些销售人员打交道，知道他们有多辛苦，也能体会到他们有多难。可不管面对何种情况、何种客户，他们都能认清自己，认清对方，工作中不急不躁、笃定信念，在双方都满意的情况下，完成最后的成交。

作为销售管理者，我们要做的就是训练团队，在被客户数次拒绝后，还能始终保持着一颗真诚和火热的心去对待客户，帮助客户解决问题，创造价值。就像《亮剑》中李云龙说的那样："纵然是敌众我寡，纵然是身陷重围，我们也要勇于亮剑。"

2. 狼行千里吃肉，狗行千里吃屎

"狼行千里吃肉，狗行千里吃屎。"李云龙的这句话就是第二种亮剑精神。

狼是一种极具野心的动物，为了能吃到肉，它们往往会不停地追踪猎物，哪怕是追踪几天几夜，跑上上千里，也不轻易放弃，一定要捉到猎物，美美地吃一顿。

这种精神代表的就是那些不怕辛苦、有理想和抱负、愿意为了心中的目标而吃苦的人。我们平时总说"狼道"，其实强调的就是这一点：当你瞄准了猎物，就要有不达目的不罢休的精神，一定要想办法拿到结果。在狼的眼里，结果永远比过程更重要。

相比较而言，狗就缺乏这样的精神，它更安于现状，不愿意努力，对生活也是得过且过。如果销售人员是这样一种状态，那是不可能创造好业绩的。

中供铁军早期在阿里巴巴发展的几个关键节点上，正是凭借"狼行千里吃肉"的精神，不断死磕客户，把数十万刚刚接触互联网的中小企业主拉到线上，也奠定了阿里巴巴在B2B（企业对企业）市场的地位。从中供铁军的日常，我们就能看出销售人员是如何像狼一样瞄准客户的。

阿里巴巴最初采用的是地摊式的销售策略，销售人员每天走街串巷，逐家拜访客户，哪怕是一次次被客户无情地拒绝，一次次地被客户家的狗给撵出来，他们也没有放弃，一次不成，就再来一次，甚至是第3次、第4次……

一位中供铁军的元老曾跟我讲起阿里巴巴早期线下业务开展的局面，他说，当时甚至可以用"血腥"两个字来形容销售战场。就好像最原始的战争一样，没有任何捷径可以走，只能依靠自己一个客户一个客户地去攻克。后来，江浙地区的一些企业因为总是遭受中供铁军地毯式、死嗑式的"袭扰"，内部还流传出一句话："防火防盗防阿里。"

客户成交后就完成了任务吗？不！客户完成签单后，中供铁军的销售人员还会不断向客户逼单，直到挖掘出客户真正的需求。铁军内部流传的"你挑战极限"正是这个意思。

可能有人觉得，这样不厌其烦地逼客户，会不会把客户逼走？事实上，真正的客户是不会走的，但凡你真诚地想要帮助客户，客户内心是能够感受得到的。

就是这样一支敢打硬仗的队伍，不但让阿里巴巴年年实现盈利，成为阿里巴巴的"现金奶牛"，还帮阿里巴巴一次次地度过了互联网寒冬。

当然，不是所有的销售团队都具有中供铁军这样的狼性精神，但在做销售团队管理时，如果想要持续增长，管理者就必须不断训练团队成员"瞄准一个优质客户，不管怎样都要把客户签下来"的精神和态度。

一些销售人员在接受培训时，常常会有一种无力感，这其实多是因为管理者或培训者没有为销售人员传达系统的方法或培训内容。还有些销售人员被客户拒绝后，就直接放弃了；或者明明面对的是个优质客户，却因为找不到合适的方法和策略，无法实现最后的成交。

这些情况都需要管理者持续地对销售人员进行辅导，持续地做好整个销售过程的管控，向销售人员传递把潜在客户变成订单客户的方法。只有销售管理做好了，销售人员才能实现战略目标落地的结果。

3. "我打的就是精锐"

《亮剑》的第一集里有一句台词令我印象非常深刻，属下对团长说对方可是日军精锐，正面硬拼是否要慎重考虑，团长霸气回复："老子打的就是精锐。"

我认为销售团队必须具备这种意识。毫不夸张地说，对于面向企业的销售来说，几乎全是硬仗，也就是说，碰到的客户，全都是不好对付的"精锐"。比如线上系统销售领域，因为行业窄，秘密少，选择不多，竞争对手又虎视眈眈，所以拿下这类客户的难度较其他行业要大得多。

既然你面对的客户都是这类"精锐"，那么可以说毫无退路可言。管理者要告诉销售员，那些散户、小微企业主，并不是销售业绩和拿回结果的真正归宿，那些挑战性强的大单、二次购买潜力充足、一旦成交便能够带来大量丰厚收益的客户，才是销售员应该乐于挑战、勇于挑战的目标。

在管理者的指导下，在"老带新"机制的帮扶下，练就一身本领，不在那些硬骨头身上施展一下自己的身手，对自己来说，实在是一种浪费。而只有那些"精锐"，才是真正值得一战的可敬的征服目标。

这就是《亮剑》带给我的启发：敌众我寡也要亮剑杀敌，把团队打造得充满狼性，并且在工作中敢于、乐于向强大的对手发起挑战。一个销售团队只有打造出这样的性格和气质，才算得上在文化和价值观上"同欲"。

用铁的意志
拿下铁的成绩

阿里中供铁军是整个集团B2B事业群的线下团队,这支团队是当年全集团第一个实现盈利的,支撑着阿里熬过了2000年互联网泡沫破灭后的第一个冬天。

中供铁军后来人才辈出,为阿里培养了众多高级管理者。2015年的O2O大战[①]期间,国内众多O2O公司运营团队的骨干都是从阿里铁军出去的,这些公司包括滴滴出行、美团、大众点评、赶集网等。以至于阿里的人把当年的O2O大战称为"铁军内战"。

一定有很多人好奇,如此强大的中供铁军是怎样锻造而成的呢?在我看来,核心是整个团队对价值观的重视。中供铁军对价值观的重视一度达到让人惊讶的程度,在这支团队里,"价值观不符"可以成为辞退员工的理由。时至今日,中供铁军的价值观已经被提炼成一种"军魂",总结为血性和要性特质,成为全行业领域销售团队学习和借鉴的范例。

---

① O2O即线下(offline)业务与线上(online)整合的新商业模式。

1. 血性：展现出自己凶狠的一面

一个做销售的朋友给我讲过这样一件事。他6岁上小学一年级，因为比同村的小孩上学早了一年，所以没有什么同龄的玩伴。加之他性格相对内向，经常被同年级或者高年级的学生欺负。直到有一天，他感觉不能再这样被欺负下去了，于是放学回家的路上，他拿起地上的砖头，把欺负他的一个小朋友家的窗户砸得稀碎，从此，那些欺负他的孩子再也没有招惹过他。"要是不展现出点儿血性和杀气来，别人永远觉得你好欺负。"这是他最真实的感受。

当然，讲这个小故事不是在教大家去砸别人家的窗户，而是想让大家明白，很多时候，做销售需要一些血性和胆量，要有敢于"砸别人窗户"的勇气。

经常有学员问我销售技巧的问题，然而通过交流我发现他们的问题不在技巧上，而在内心的特质上。当面对客户冷遇和折磨的时候，他们感到无比的烦恼愤懑，但却没有任何勇气站在与客户平等的位置去对话，只是一味地被欺负，甚至被利用。这就是缺乏血性的后果。

有一年，我只差两万元的业绩就可以做到当年全国业绩第一。当时我面对的那个客户，真的没什么钱，他们只有十几个人，在一个简易工棚里创业。当时销售的产品，收取的服务费用是4万元，阿里是从不在这上面打折的，但那个客户告诉我："真的没有钱了，3万元，马上就签！"

为此我找到上级，刚开始领导层不同意，但我说服了他们，因为我们在践行"让世界上没有难做的生意"，更重要的是，我要冲刺全国第一。

几经周折，销售副总同意，我立刻打电话把这个好消息告诉了客户。没想到，客户反悔了，直接砍到两万五。当时，我恨不得立马摔掉电话，但是一想到冲刺销冠这件事，只能硬着头皮继续跟领导沟通。

但在跟领导沟通之前，我跟客户做了一次非常严肃的交涉。我问他两万五是不是最后的价格，他说是。我告诉他，不一定能申请下来，而且从来没有这个先例，但是为了公司的发展，也为了能够帮助到他，我愿意帮助他做从来没有做过的事。如果他再次食言，我以后绝对不会跟他再合作，客户满口答应。

于是，我决定破釜沉舟，开始跟领导沟通。领导自然坚决不同意，这一点我早就料到了。于是我把事先想好的一番话说了出来："我今天要践行的是阿里的价值观，目前我在冲刺逆袭的道路上，只差这一单就可以完成，我很期待你能支持我。的确，我们会因此少5000元的收入，但是这件事可以作为阿里销售团队最典型的案例展现出来，它的宣传效果，是5000元的广告费拿不下来的！这个案例，可以激励阿里全中国的销售们，让他们对阿里的价值观更加认同，也会激起他们更大的斗志。另外，如果这一单做得能够让客户满意，接下来他们第二年、第三年可能会签更多的份额。最重要的是，还可以把'让天下没有难做的生意'这一价值观传播得更广。"

5分钟后，领导层同意了。当我拿着合同去找客户的时候，25000元现金也已经整齐地摆放在客户的桌上。

这一单合同签完，款项到账后，我从年度销售业绩第十名升至第一名。

为什么血性对一个优秀的销售人员如此重要？因为血性是一个优秀的销售人员关键的底层力量。这种力量可以保护他们披荆斩棘，也可以支撑他们踏上新的征程。

商场如战场，销售员亦如战士，战场不但是技能、装备等外在实力的比拼，更是意志品质等内在实力的较量。

2. 要性：激发对业绩极致的渴求

所谓要性，就是形容一个人对事物的渴求程度，渴求程度越强烈越适合做销售，越有动力把业务做好。

要性的程度不同，表现也不同。初级阶段就是简单的"想要"，再进一步就是"很想要"，再进一步就是"我一定要"。

2002年，我的销售业绩很不理想，当时差点选择离开阿里。但后来的一场培训，彻底激发了我的要性。

培训会上，讲师问道："你们知道历年世界游泳比赛第四名都是谁吗？你们知道职业拳击比赛第四名是谁吗？"没有人能回答出这个问题。

讲师接着说："没有人知道第四名是谁，在销售的世界里，要做就做前三名。"当时的我 29 岁，涉世未深，没经过什么洗礼，这个讲师的话被我刻在了脑子里。

几天之后，公司组织了一场激发潜能的 5 公里跑比赛。因为有了"只做前三名"的想法，在与两百多名选手的共同竞赛中，我穿着并不适合跑步的鞋，拼了命地向前跑。比赛最后，我正好以第三名的成绩冲过了终点。当天晚上回到家脱了鞋子才发现，大脚趾的指甲盖全都脱落了。

是关键时刻被激发出来的要性支撑我完成了比赛，获得了第三名，而这种要性，更是在日后的销售生涯中起到了关键作用。

当年在阿里，我创造了只用半天时间就逆袭拿下当年度全国第一的业绩。在那一年的最后一天，中午之前我给当时的竞争对手雷艳群（现阿里本地生活副总裁）打电话，问他的业绩是多少，他说 31 万元，我当时只有 19 万元。还剩半天，想超越他几乎是不可能了。

但我不想放弃，于是我和我的主管 Robins 在那一天拜访了所有可能签单的 A 类客户，仍旧一无所获。所以，基本上我已经放弃和绝望了。

但这时候 Robins 对我说的话，彻底激发了我的要性："影响你的可不是远方的高山，只是脚底下的沙子而已，按理说，你该是无所不能的啊。"

现在回想起来，他当时的话很可能就是在给我打鸡血。但他无疑是成功的，因为我的确被他煽动得热血沸腾，扣动了梦想的扳机。

于是我打开手写的笔记本，一个一个地查找可能立即签单的客户，终于找到了一家以前对接的关系很融洽的纺织业客户，他们希望作为参展商参加在德国法兰克福举行的纺织展，恰好我们有这个纺织展的优质的宣传渠道。于是我立即联系了这个客户，向他介绍了我们的宣传渠道，并承诺把他们的产品以宣传册的形式在当地展出，需要印一万册。现在有一个资源，如果今天完成签单，我就把这一万册印品赠送给他们，让他们代表阿里，作为国内最优质的参展商出现在法兰克福展会上。

这位客户顿时两眼放光，立即问我，要怎样才会把这个资源送给他。于是我向他推荐了阿里的一款网络销售系统，报价 13 万元。客户立刻同意，并很快准备好了现金，最终这一单顺利签约。

要性并不是每个人都有，但却可以被激发出来。管理者一定要把握好这一点，我就是被激发出要性的最生动案例。

稳定住、
延续好团队的绝佳状态

当一个团队搭建完毕，开始具体工作时，销售管理者就必须面对一个非常客观且又无比现实的局面：招上来的人形形色色、性格多种多样、特点五花八门。如果这个时候就盲目地开始着手做销售技法上的培训，效率会非常差。

管理者必须学会从"人本"的角度出发，先让团队中的所有人把心态和状态调整到同频状态，也就是说，销售管理，首先要有人性化的东西在里面。

在销售团队里，需要首先解决两类人的问题，一是"心态"出现偏差的人，二是"状态"出现起伏的人。管理者要本着两个大的原则来解决这两类问题，即态度问题靠系统培训，状态问题靠单独辅导。

1. 打造销售人员的两种"心"

心态是情绪、是精神面貌，更是自身精气神对客户和同事的一种积极的渲染。拥有好的心态，在很大程度上可以让事情向着好的一面发展。

阿里巴巴的 logo（标识）是一张笑脸，这张笑脸有一个重要的含义：希望每一个阿里人都能够带着笑容工作，并把笑容带给客户、同事和家人。由此可见，阿里是非常重视员工心态和情绪的，而只有这样的企业才有做大做强的基础和底蕴。

都说"相由心生，境随心转"，一个人的行动和心态决定了他的精神面貌，而一个人的精神面貌又能够在很大程度上影响其工作状态。

大家不妨回想一下，在现实的管理工作中，你是否也有过这样的体会：有信心的销售员，与客户的谈判质量大多很高；在客户面前胆怯又紧张的销售员，谈判的局面也会变得糟糕。这便体现了心态的重要性。

因此，为了让销售变得更顺利，管理者要把正确的心态写在制度里，不论销售人员的性格如何，有怎样的工作习惯，都要保证让他们具备以下两种心态。

（1）平等心

我曾带过这样一个销售员：面试入职的时候，各方面条件都不错；平时工作中，也非常努力；每一次做模拟拜访演练，表现得也很好，反应快、口才好，应对各种突发状况的能力也很强。

然而，当他走上"战场"去正式拜访客户时，结果却不理想。发现问题后，我与他单独沟通过一次。他告诉我，每次在公司演练的时候，因为面对的都是熟悉的同事，所以自己表现得很放松；而一旦真正面对客户时，因为对方的职位往往都比自己高，他就会不由自主地产生一种紧张感和压迫感，无法发挥出正常的谈判水平。

这种职位上的不对等，常常会导致销售员在约见的过程中产生自卑、紧张的心态。而一旦对自己产生了不信任感，说出去的话就会缺少底气，无法令人信服，沟通就会出现问题，何谈签单呢？

所以管理者要让销售员明白，他与客户之间只有合作关系，而无尊卑之分。应该尊重对方，但不必惧怕，也不用刻意奉承。只有克服了这种自卑心理，才能更好地在谈判中发挥自己的实力。比如管理者可以要求销售员强制性地把自己和客户摆在平等的位置，如果陪访过程中发现这一点做得不到位，就立刻让其进行改进和调整；如果长期得不到改善，还可以采用一些惩罚措施来进行干预。

（2）平常心

人们常说，销售员的标配就是"厚脸皮"。许多人觉得这是一句玩笑话，其实这句话自有道理。因为从某种意义上来说，"厚脸皮"实际就是优秀心理素质的代名词，它决定了你是否能够在千万次失败中站起来，继续百折不挠地朝着目标前行。

可能有的管理者会说：总不能把"厚脸皮"写进制度里吧？其实

在我看来，管理者可以发散一下思维，将平常心的核心思想与团队的实际情况结合起来。

"今天很残酷，明天更残酷，后天很美好。但是绝大部分人是'死'在明天晚上，只有那些真正的英雄，才能见到后天的太阳。"

其实阿里的这句老话就是平常心的一种真实写照，对于做销售工作的人来说，失败是家常便饭。而如果你认真观察就会发现，在现实工作中，那些能够见到后天太阳的销售员和见不到后天太阳的销售员的区别之一，就是他们面对失败的态度：前者往往能够以平常心看待失败，甚至用失败来调侃自己、鞭策自己；后者则会在失败中患得患失、一蹶不振，甚至因为失败而放弃销售这份工作。

事实上，在这个世界上，没有什么是一蹴而就的，在成功之前，一定都会经历一段暗淡的时光，接受失败过程中的千锤百炼，销售行业尤其如此。

锻炼平常心，可以在销售团队里采用普遍手法进行系统性培训，然后再加以制度化的保障，就能够让销售员在具体工作中获得钝感力。

2. 把销售员的状态固化下来

心态问题可以普遍调整，但销售员的状态通常不具备普遍性，即便管理者将他们的状态加以细致分类，但因状态不同而展现出的具体工作表现，也是无法有效控制的。所以，在利用制度调整销售员的状态上面，要做有针对性的分类。

在分类以前，管理者需要了解销售员工作状态变化的普遍规律，这是判断其工作的动力性因素的重要依据。也就是说，管理者要明白，处在什么周期的销售员会有什么样的状态，这样才能根据不同状态来对症下药。

一个销售员在成长道路上的状态变化，一般要经过四个阶段：兴奋期、黑暗期、成长期、徘徊期。

（1）兴奋期

销售员初入一家公司从事销售工作，初期往往冲劲很足。这时候，他们要站稳脚跟，向其他同事证明自己的能力，并求得在公司的生存与发展。

（2）黑暗期

当销售员进入市场后，就会慢慢发现，谈客户不是想象中那么简单，市场中对手的一些不规范的竞争也层出不穷，更要命的是公司自身的产品及内部配合令人失望。这时他们的热情和工作积极性都会急速下降，有的人甚至会怀疑自己的选择。

（3）成长期

一般来说，当团队中的销售员出现低迷的工作情绪后，管理者会马上采取措施，设法进行辅导和激励，帮助他们鼓起勇气，继续拼搏。经过管理者的调教，销售员开始逐渐适应新的环境，接受并面对现实，也能客观地看待问题。这时，工作多半会出现转机，逐渐开始签单。得到第一单，往往是一个新人状态的转折点，这会让他们看到希望，重新找回自信和进取心。于是，他们的工作热情会再次高涨，动力又来了。

（4）徘徊期

销售员进入公司较长时间后，如果接受的管理方式妥当，多半会出现工作动力的持续高峰；如果激励不佳，则会出现低谷或者业绩反复。这时候的销售员，经历过大风大浪，基本上可以保持稳定了。

3. 销售员错误态度的几种类型

由此可见，在这四个不同的状态周期，销售员都会有不同的表现和心理状态。管理者要做的就是根据实际情况加以适当的约束和辅导，如果约束和辅导不到位，就有可能导致销售员产生不正确的工作态度，大致有以下几种类型。

(1) 空想型

这一类销售员经常会无缘无故地产生焦虑，客户在哪里？目标完不成怎么办？如何跟进客户？也就是说，他们总是担心结果，却很少从原因上思考差距到底在哪儿。

处在兴奋期与黑暗期的销售员，更容易形成空想型工作状态。因为接触的实战太少，观察身边的老人，又看得不透彻，因此会陷入无尽的遐想之中。

要扭转这类销售员的心态，要为他们规定每天必须做的规定动作。比如，把他们划分到"短期提高组"，制定随时检查制度，每天检查规定动作的完成情况，纠正错误动作，并在第二天的工作中监督反馈。

(2) 冒进型

相较于空想型的销售来说，冒进型的销售员常常会担心自己因为没有结果而被淘汰。于是，他们会让自己看起来很忙碌，却不愿意花时间思考到底谁才是自己产品或服务的目标客户。因为对他们来说，思考这些远不如撞概率重要。

成长期的销售员更容易冒进。当他们拿到第一单之后，大多会信心满满，觉得自己无所不能，于是很容易产生"一口吃个胖子"的想法。为了达成更大的业绩目标，他们开始广撒网、多捕鱼，却往往忽略了许多销售环节必要的关键动作。

想找回这类销售员的状态，要为他们的思维发散设定边界。比如，可以把他们划分到"技能精进组"，每天分享案例，共同查摆案例中的失败教训，分析危险因素，找出规避方法；集思广益，进行头脑风暴，让亢奋的状态转移到对工作技巧的思考中去，把他们从一步登天的幻想中拉回到现实中来。

（3）求稳型

这类销售人员拿到过结果，但由于重复的工作没有匹配上必要的激励机制，往往会导致效率不尽如人意的情况。

这种情况也是成长期的员工容易出现的状态。在辅导得当，规定动作完成到位的前提下，自己的业绩却没有得到应得的安慰或褒奖，于是他们不再有热情，常常变得随遇而安。

面对求稳型的销售人员，要通过制度激发他们的活力。可以把这类员工划入"能者多劳组"，采取带有竞争色彩的奖惩措施。注意，这种奖励刺激可能并非物质上的，有可能这类员工所期盼的是精神上的嘉奖。所以管理者一定要注意观察每个求稳型的销售员，了解他们内心的真实愿望是什么。

（4）自闭型

这类销售员大多由于某种原因，开始与整个团队离心离德。他们也拿到过结果，但是由于拿到结果后，进入徘徊期，这时候或许是因为自身成长不到位，或许是因为管理者关注不到位，让他们始终没有进入业绩反弹的状态。于是他们开始得过且过混日子，并不断出现抱怨、自暴自弃、排斥他人的想法。

徘徊期没有接受得当的再帮扶、再培养的员工，很容易陷入自闭型状态。

面对自闭型的销售人员，要给他们设定最后期限。未必是明确的界定，但是要把这类人划入管理者的"败部复活"组中来，给予方法，限期改观，观察效果。一旦约定期限内还不能收效，说明他们的状态已经到了无可挽回的地步。

销售人员因为心态的不同，进而产生的工作状态上的差异，将会对他们能否轻松、顺利地取得结果产生重要影响。所以，在销售员的心态上，管理者要普遍而系统地加以培训，让大家在与客户及其他同事的沟通中始终保持一个平和的心态；而在面对不同类型、不同心理阶段销售员的工作状态时，管理者要依靠制度手段建立单独辅导机制。

疏导团队的负面情绪

"一鼓作气，再而衰，三而竭。彼竭我盈，故克之。"两军交战，士气充盈的一方往往更易取得胜利。销售也是同样的道理。一个没有士气的销售团队，很容易陷入温水煮青蛙的陷阱当中，看似内部氛围和谐，实际上每个人都缺乏工作激情和动力。这样的团队不仅无法创造更多的价值，还会产生不良风气，影响整个销售部门的工作氛围。所以，企业管理者既要针对一些专业的销售环节进行管理和提升，还要注意提升销售团队的士气。

1. 不要让负面情绪影响士气

在销售活动中，销售团队难免会遇到市场整体境况不佳的时候。这时，销售人员的业绩和收入就会受到影响，内心也容易产生负面情绪。带着这种情绪干工作，显然是很不利的。

作为销售管理者，在市场处在低迷状态时，要竭尽所能地维持住销售团队的士气，不要让大家的工作积极性因此而受到影响。

我在接手东莞销售团队时，由于东莞市场常年业绩惨淡，团队成员在销售过程中常常四处碰壁，所以大家都是一肚子的委屈。当时，我们所在的办公地点附近有个广场，广场中心有个喷泉，我就让团队成员每天晚上都到那里去发泄自己心中的负面情绪，大家可以互相吐槽、倒苦水。很多同事说到伤心处时，甚至忍不住号啕大哭。

除了发泄负面情绪，我还经常组织团队成员积极吸收正能量，其中一个方法就是带领大家一起读书。当时我们每天都读15分钟的《羊皮卷》，还读了《致加西亚的信》，读完之后大家再进行交流，互相打气。

现在回想起来，我在东莞市场的那段经历，不单让整个团队成员得到了历练，也让我这个销售老兵得到了历练。虽然那时我的销售履历已经可以傲视群雄，但我若是在东莞市场上折戟沉沙，很可能就会影响到我日后在工作中的士气与勇气。幸好，我和大家都坚持下来了，并且后来还取得了很好的战绩。

2. 士气产生于结果之后

如果一个管理者带领的团队每天都其乐融融，一团和气，但就是拿不到销售成绩，这样的团队是很难有士气的。这就像两军交战一样，如果一支部队经常打败仗，士气肯定高不了；反之，如果部队经常打胜仗，士兵自然就会士气高涨，打胜仗的概率也会越来越高。

从事企业培训工作多年以来，我见识过各种各样的销售团队，但无一例外，凡是业绩保持良好的团队，士气一般都比较高昂；而业绩一般的团队，士气往往很低迷。团队士气的提升是需要结果说话的。当每个销售员都有不错的战绩，不需要管理者去喊口号，团队士气自然能提升；反之，如果销售人员的业绩不好，再激昂奋进的口号也提升不了士气。

3. 管理者要学会使用"政委体系"

大概 2005 年的时候，阿里中供团队的业务发展得非常迅速，快速的业务发展让组织出现了一些问题，其中最明显的问题就是员工不快乐，离职率很高。

究其原因，就是我们每个月都要保持高速增长，而此时销售人员的工作压力可想而知。高压状态下，员工的思想就很容易产生波动，比如连续签单不成，业绩遇到阻碍，就会出现沮丧、抱怨等负面情绪，而且这种情绪传染性极强。

这个问题如果长期得不到重视，将影响整个组织的发展，于是，阿里做了一个重要决定，建立政委体系，从员工士气的角度推动业务发展。

政委是团队和员工之间的同心结和桥梁，为什么要设"政委"？因为销售团队通常比较凶悍直接，甚至说话很粗糙，这会让员工很不舒服，这时候，就需要政委及时介入。比如领导刚批评完一个销售员，觉得说的话有些重，又抹不开面子往回扭转，这时候就要靠政委居中调和、发挥作用了。

政委的必修课就是看看员工状态如何，为什么不开心，有没有感到疲惫，要不要开导他们。

其实，政委就是提振员工士气的一个重要的缓冲带，其工作特性，更倾向于私下里和销售人员一个一个谈，把问题讲明白，前因后果分析清楚，员工就不会因为工作中与领导沟通不畅而产生不理解，甚至产生负面情绪。与此同时，政委也是团队文化的倡导者、贯彻者和诠释者，如果能够通过这样的角色设定，把公司的价值观传承好，在员工践行价值观出色的时候，及时给予表扬，当违背价值观的行为出现时，及时加以制止，也是提振和保持团队士气的重要举措。

上下同欲，从"心"开始，如果一开始管理者和员工的心就不往一处想，就很难形成上下同欲的局面，而员工士气如果能够得到很好的提升与保持，本身就是为上下同欲打造良好开端的极佳举措。

后记

近三年的新冠肺炎疫情，对世界各国的经济打击都很大。原本销售行业的压力就很大，在当今形势下，所有销售人，尤其是带队的管理者面临的压力更大了。很多人都向我诉苦："贺老师，做销售太痛苦了。"我也做过销售，带过团队，这些管理者的压力，我感同身受。写这本书的初衷，就是想要帮助这些管理者理清管理思路，找到正确的管理方法。

开训练营这么多年，我接触了很多销售管理者。在交流过程中，我发现他们在管理团队的过程中有很多问题，尤其是一些销售冠军出身、刚做管理者不久的学员，由于没有经过系统训练，对管理团队大多是一知半解，结果面对管理时，培训不到位、跟进不到位、辅导不到位，团队业绩惨淡。

有些比较简单的问题，咨询过一次，半个小时或许就可以解决。但是大多数管理者出现的都是系统性的问题，每开一次训练营我都会把他们遇到的问题系统地收集起来，然后一一对症下药予以解决。其实，很多管理问题原本都是可以避免的，在这本书中，我结合自己的管理方法和经验，把这些问题进行了系统的分类，然后对每一类都进行了系统的分析和解决。

如果说《销售铁军》那本书是我在中供铁军整个销售生涯的总结，那么这本《轻松拿结果》就是从阿里巴巴出来之后，到目前为止，我对自己的咨询和培训生涯做的一个阶段性的总结。

在这里，我想对广大的销售管理者说，不要总是把"难"字挂在嘴边。销售管理工作的确不容易，但结果是果，过程是因，只要掌握科学、系统的理论和方法，带领团队拿到结果就不是难事。

贺学友

2022 年 10 月于杭州